Guillaume Poitrinal

Pour en finir avec l'apocalypse

Une écologie de l'action

Stock

Couverture © François Supiot

ISBN 978-2-234-08650-0

Prologue

J'ai 54 ans, et il y a neuf ans, les journaux ont parlé de moi parce que j'ai quitté une position enviée de patron du Cac40 pour créer une « start-up » de promotion immobilière écologique. Tout au long de ma vie chez Unibail, le géant européen des centres commerciaux, également promoteur de tours à La Défense, on m'avait accusé de bétonner. Alors j'ai investi ce que j'avais gagné pour créer Woodeum, puis WO2, avec mon épouse, Sophie, et mon associé, Philippe Zivkovic. Woodeum-WO2 est un promoteur immobilier « disruptif », qui remplace le béton par de grands éléments de bois massif contrecollé croisé, fabriqués dans des usines de haute précision. En voulant innover, nous sommes revenus au matériau de construction le plus ancien de l'histoire de l'humanité : le bois. Avec nos partenaires industriels, nous l'avons modernisé pour gommer tous ses défauts et l'adapter aux exigences de notre modernité. Nos solutions constructives biosourcées sont aujourd'hui égales ou supérieures aux solutions traditionnelles qui dominent le marché.

C'est ainsi que nous sommes devenus les pionniers de la révolution bas carbone dans l'immobilier. Toute la chaîne de création de valeur s'en est trouvée modifiée : identification des terrains, dialogue avec les architectes et les élus, sélection des entreprises, réglementation, conduite du chantier, conception des immeubles, marketing, etc. Nous avons dû tout réinventer, avec un commando de jeunes talents sans lesquels nous n'aurions pas réussi. Alors qu'au pays du béton roi on nous donnait quelques mois d'espérance de vie, l'entreprise Woodeum-WO2 réalise aujourd'hui plus de 400 millions d'euros de chiffre d'affaires, livre mille appartements neufs par an et construit 300 000 m^2 de bureaux dans le Grand Paris.

Il s'agit exclusivement d'immeubles bas carbone, en bois, utilisant des technologies d'avant-garde. Nous les réalisons avec les plus grands architectes français et des charpentiers qui font notre fierté.

La réussite de cette entreprise innovante de la « transition bas carbone » s'est faite sans subvention, sans interdiction, sans renoncement. Elle contribue, à son échelle, à la prospérité économique du pays. En créant des logements et des emplois, elle assume aussi un rôle social.

Cette expérience m'a dicté de livrer quelques réflexions sur ce grand débat de l'écologie moderne, qui peut faire basculer le monde d'un côté ou de l'autre. D'un côté la stérilité d'une écologie du renoncement, de la décroissance, de l'autre l'espoir de fertilité d'une écologie positive.

On l'aura compris : cet essai est un manifeste dont l'objectif est de redonner espoir à tous ceux qui croient que la planète est condamnée, qu'il n'y a plus rien à faire que de se préparer à l'apocalypse ou, pour les moins pessimistes, à la grande pauvreté. Mon ambition, c'est aussi de donner le goût d'entreprendre à tous les talents qui pourraient s'épanouir en faisant éclore les solutions technologiques qui permettront à la planète de surmonter le défi écologique, et de reprendre le chemin d'une croissance économique vertueuse.

En guise d'avertissement à mes lecteurs, je voudrais leur présenter mes excuses. Mes excuses aux décideurs politiques de tout bord, qui trouveront exagéré, à juste titre, qu'un patron s'aventure en contrebandier sur leurs plates-bandes. Mes excuses aux scientifiques et ingénieurs qui auront beaucoup à redire sur ma compréhension probablement grossière de la situation de la planète et des solutions à l'étude. Mes excuses aux philosophes et aux sociologues que mes analyses simplistes ne convaincront pas. Je ne prétends pas faire ici de la politique, de la science, de la sociologie ou de la philosophie. Je ne suis qu'un entrepreneur de terrain et ma seule ambition est de contribuer à susciter une réflexion que j'estime, aujourd'hui, nécessaire et urgente.

1

Boomer

On naît toujours dans une époque. La mienne est celle des « boomers » dont je ferme la marche glorieuse. Je suis né six mois avant mai 1968. Le baby-boom, c'était la France du plein emploi. Celle du deuxième PIB par habitant du monde, juste derrière celui des États-Unis. Celle des grands programmes d'équipement, du nucléaire, d'Airbus, du TGV… Celle des budgets publics à l'équilibre. Les boomers sont nés dans ces années de prospérité. Et le moins que l'on puisse dire, c'est qu'ils en ont bien profité. Certains diront « abusé ». Je ne suis pas loin de les suivre.

Le boomer est avant tout un consommateur. Dans tous les pays occidentaux, et aujourd'hui, dans les pays à fort développement d'Asie, le moteur de la consommation de masse s'est trouvé suralimenté par trois facteurs conjugués :

1. la baisse continue du prix des biens de consommation, résultant des gains de productivité industrielle à l'échelle nationale, puis mondiale ;
2. l'augmentation du pouvoir d'achat, liée à l'augmentation des salaires et à d'importants efforts de redistribution ;
3. l'essor du marketing et de la grande distribution au sein d'une société d'hypercommunication, mettant continûment en scène le bonheur de consommer.

En résumé, une offre meilleur marché, une demande plus riche, et la magie du marketing et de la distribution pour relier la première à la seconde.

C'est ainsi que, à l'inverse de leurs parents qui se distinguaient par une existence frugale et prévoyante, les boomers sont devenus des gloutons qui dévalisent les hypermarchés, se suréquipent de vêtements à la mode, d'électroménager, d'automobiles et plus récemment d'écrans numériques.

En 1955, seulement un foyer sur cinq possédait une automobile. En 2020, 84 % des foyers sont équipés d'une voiture ; 36 % des ménages français en possèdent deux ou plus. Les ordures ménagères de 200 kilos par habitant, dans les années 1960, sont passées à près d'une demi-tonne, sans qu'on arrive à les faire décroître.

Une grande partie de ce qu'achète le boomer finira en déchet, après avoir été consommé ou pas.

Qu'il s'agisse d'énergie ou de bien de consommation, le boomer ne consomme qu'une partie de ce qu'il produit. Le gâchis alimentaire est un symptôme de cette gloutonnerie. Selon France Nature Environnement, ce sont 150 kilos par an et par habitant de nourriture qui sont simplement jetés à la poubelle. À cela, il faut ajouter tout ce qui n'arrive jamais dans les cuisines des ménages, ce qui est perdu en usine en raison des emballages, ce qui se détériore dans le transport, ce qui est périmé, ne respecte plus la chaîne du froid, ou demeure invendu. Au total, 18 % de la production alimentaire destinée à la consommation humaine est gaspillée chaque année, selon l'Agence de l'environnement et de la maîtrise de l'énergie (Ademe).

En 2019, 600 000 tonnes de textiles ont été mises en vente sur le marché, en France. La même année, les Français n'ont pas hésité à dépenser 39 milliards d'euros en articles d'habillement pour en mettre finalement 85 % à la poubelle. À l'ère de la *fast fashion*, les Français jettent 12 kilos de vêtements chaque année.

L'obsolescence programmée est un facteur non négligeable de cette surconsommation et par extension de l'accumulation des déchets. Les consommateurs se voient proposer des produits dont la solidité est amoindrie, ou pire, dont la fin de vie a été volontairement planifiée. L'obsolescence est aussi parfois le fait de modèles soudainement incompatibles qui peuvent nécessiter le rachat. Qui ne s'est pas déjà trouvé dans l'incapacité d'utiliser sa paire d'écouteurs ou son ancien chargeur toujours fonctionnels, avec son nouveau téléphone dernier cri ? Ces différentes formes d'obsolescence relèvent de ce que Thierry Libaert appelle l'« obsolescence technique[1] ». L'« obsolescence indirecte » fait référence à l'impossibilité de réparer certains produits. En 2021, l'Ademe publie un rapport indiquant que « seuls 44 % des appareils qui tombent en panne sont réparés ». À l'obsolescence programmée, s'ajoute le conditionnement psychologique qui amène un acteur à racheter un produit, sous l'effet de la publicité ou de la mode, alors que l'objet qu'il possédait fonctionnait encore.

Cette surconsommation heurte nos principes moraux, en plus de surexploiter la planète. Mais il faut lui reconnaître une vertu. Elle ne se résout pas seulement en un paradis artificiel pour Occidentaux. Elle a créé les conditions d'une prospérité économique considérable, mondiale, notamment dans les pays exportateurs, comme la Chine, l'Inde ou leurs voisins. Des milliards d'individus des anciens pays pauvres se sont trouvés extraits de la misère en s'employant à fournir les Américains, les Européens et les Japonais en matières premières ou en biens de consommation parfois superflus. Les inégalités, à l'échelle de la planète, s'en sont trouvées en fait considérablement réduites. Il y a cinquante ans, la moitié de la population mondiale vivait avec moins

1. Thierry Libaert, « Consommation et controverse : le cas de l'obsolescence programmée », *Hermès*, n° 73, 2015, p. 151-158.

de 2 dollars par jour (en valeur réelle d'aujourd'hui, corrigée de l'inflation). En 2020, c'est moins de 9 %. L'hyperpauvreté a été divisée par quatre.

Oui, mais. Le revers de la médaille n'est rien de moins que l'effroyable pollution de la Terre dont cette société d'hyperconsommation est directement responsable. L'ère des boomers marque l'avènement de trois ressources qui s'avèrent aujourd'hui particulièrement dévastatrices. Et l'échelle est bien mondiale, car le boomer, autrefois principalement occidental, a évangélisé une grande partie de la planète. Ces trois plaies qui sont venues rompre nos équilibres naturels sont les énergies fossiles (charbon, pétrole et gaz), le béton et le plastique.

Le charbon est l'emblème de la révolution industrielle et a connu une exploitation importante jusque dans les années 1960. Il sert de combustible pour la production d'électricité, de vapeur mais aussi pour le chauffage domestique. C'est une source d'énergie particulièrement attrayante du fait de ses réserves très importantes, accessibles à faible coût. À cela s'ajoute leur répartition assez équitable dans le monde, qui permet à de nombreux pays d'en disposer. Ceux qui n'en ont pas peuvent compter sur l'importation, le charbon étant facilement transportable par voie maritime.

Malgré son impact reconnu sur l'environnement, et à l'heure de la Cop26, l'usage du charbon dans le monde, d'une importance stupéfiante, continue de croître. C'est l'ennemi public numéro un. Il représente 34 % du total de CO_2 émis chaque année dans le monde, 40 % du CO_2 émis par combustible et 26 % des gaz à effet de serre. Or ces gaz sont responsables du réchauffement climatique. Nous y reviendrons. En Allemagne, en Chine, aux États-Unis et en Inde, le charbon demeure en 2021 une des principales sources pour la production d'énergie électrique. En 2022, la consommation de charbon pourrait atteindre un record historique à 8 milliards de tonnes. C'est plus d'une tonne par habitant de la planète !

Les hydrocarbures comptent également parmi les drogues dures de nos économies. La production annuelle de pétrole n'a pas cessé d'augmenter depuis un siècle. Elle est estimée à environ 30 milliards de barils par an, contre 20 milliards en 1980 et 10 milliards en 1960. Malgré tous les avertissements écologiques, nous n'arrivons pas à faire baisser cette production. Pire, nous lui ajoutons, depuis quinze ans, la production de pétrole de schiste qui atteint plus de 7 millions de barils par jour (pré-Covid), faisant renaître les États-Unis comme un rival de l'Arabie saoudite ou de la Russie dans la production d'hydrocarbures.

Tout le monde sait que le béton est le matériau de construction du boomer. Il est moins connu qu'il s'agit d'un important émetteur de CO_2. La production du seul ciment émet plus de CO_2, à l'échelle mondiale, que l'Union européenne et représente trois fois les émissions du transport aérien du monde.

Au ciment, dont la naissance chimique est émettrice de CO_2, il faut ajouter du sable venant de plus en plus loin, et de l'acier au bilan carbone dégradé, pour faire du béton armé. Au total, la construction en béton participe activement au réchauffement climatique. Jean Jouzel estime que cette production est responsable de 10 % à 15 % des émissions mondiales[1].

Depuis la sortie de la Seconde Guerre mondiale, le béton a supplanté tous les autres matériaux de construction traditionnels. Autrefois, chaque région avait son matériau : la brique, le bois, la pierre, et même le métal. C'était avant. Les besoins d'une reconstruction rapide, les qualités structurelles facilement maîtrisables du béton et son prix lui ont assuré un quasi-monopole parmi les matériaux de gros œuvre, en l'espace de vingt ans. À cela s'est ajouté un lobbying continu de la filière, structuré autour de multinationales influentes. Les réglementations nationales sont ainsi devenues progressivement hostiles à toute autre solution constructive. Dans les écoles d'ingénieurs, parmi les matériaux de construction, seul le béton est enseigné sérieusement.

Peu à peu, l'idée s'est imposée que le béton avait toutes les vertus, que rien ne lui était impossible. Peu importe qu'il soit particulièrement lourd par rapport à sa capacité de report de charge, peu importe qu'il n'apporte aucune isolation thermique et qu'au contraire il crée en ville des îlots de chaleur

1. « La construction bois, une évidence pour le climatologue Jean Jouzel », *Batiactu*, 12 décembre 2017.

en raison de son inertie, peu importe qu'il ne soit quasiment pas réutilisable en fin de vie et très difficile à déconstruire, et surtout, peu importe que son empreinte carbone soit dramatique.

Dans la série des matériaux fétiches du boomer, il faut aussi citer le plastique. On le reconnaît léger et solide, pas cher à fabriquer. Emblématique de la consommation de masse, il est partout : emballages, textiles, mobilier, décoration ou encore matériaux solides destinés au bâtiment. Avec le plastique, la société se destine au tout-jetable.

Avec des familles plus déstructurées et une société plus individualiste, on ne prend plus le temps de s'asseoir à table. On mange sur le pouce, entre deux activités. Les industries agroalimentaires s'adaptent. Le prêt-à-consommer et les produits faciles à emporter nécessitent toujours plus d'emballages. Le e-commerce n'a rien arrangé. Le plastique sert à produire les multiples sachets individuels, les boîtes de mini-dosettes, le café en stick ou encore les bouteilles de lait de 50 cl.

Le plastique contribue activement à polluer notre environnement. D'après l'Anses, 10 % de l'ensemble des plastiques qui ont été produits depuis leur invention ont terminé leur vie dans les océans. Selon la Fondation de la mer que préside Sabine Roux de Bézieux, chaque minute, 18 tonnes de plastique sont déversées dans les océans. Les plastiques se sont agglomérés pour former une masse gigantesque de 1,6 million de kilomètres carrés dans l'océan Pacifique – soit l'équivalent de trois fois la surface de la France. Ils forment le « septième continent ». Les scientifiques trouvent des microplastiques partout : dans 100 % des prélèvements sur toutes les mers, dans tous les fleuves et même dans des lieux éloignés de toute civilisation tels qu'en Antarctique ou au sommet des montagnes. Récemment, une étude de l'Institut français de recherche pour l'exploitation de la mer (Ifremer) a alerté la population sur la présence de déchets plastiques et de microplastiques à plus de 2 000 mètres de profondeur, en Méditerranée. Les microplastiques polluent la faune et la flore aquatique, et se retrouvent dans nos verres et nos assiettes. Selon un rapport du WWF, nous ingérerions 5 grammes de microplastiques par semaine, soit l'équivalent d'une carte de crédit.

Les exemples des abus sur les ressources et les équilibres de la planète sont si nombreux qu'il serait fastidieux d'en faire l'inventaire. J'y ajoute seulement celui des chats, qui ne cesse de m'intriguer. Quoi de plus naturel, de plus réconciliant avec la nature que d'adopter un chat ? Le chat connaît un succès considérable dans nos sociétés. La propriété d'un animal de compagnie est même devenue marqueur d'appartenance à la société de consommation. Leur nourriture, les soins, leur équipement font vivre un pan entier de l'économie. Leur population, en constante augmentation, atteindrait 600 millions d'individus sur la planète. En France, on en compte 14 millions, avec un accroissement d'environ 1 million d'individus par an.

Les deux tiers des chats ont accès à l'extérieur. Le problème, c'est que le chat est un prédateur surdoué et qu'il fait partie du petit nombre de prédateurs qui chassent « pour le plaisir », c'est-à-dire sans modération.

À travers le monde, on estime que les chats seraient directement responsables de la disparition de soixante-trois espèces de mammifères, reptiles et oiseaux, depuis 500 ans. Il est ainsi, aux côtés de l'homme, l'un des ennemis les plus redoutables de la biodiversité animale. Il n'est plus rare de croiser nos chats de gouttière en action de chasse dans les campagnes, à des kilomètres des villes. Les perdreaux, les levraux, les cailles, mais aussi les concurrents prédateurs naturels comme les renards et les blaireaux, en font les frais. Pire, si on ajoute les émissions liées à leur nourriture et à celles issues de la gestion de leurs déjections, les chats ont une empreinte carbone très négative. Leur prolifération incontrôlée est particulièrement inquiétante pour les équilibres biologiques.

Pour finir, ma génération ne laissera pas seulement aux générations suivantes 600 millions de chats et une planète abîmée par toutes sortes de pollutions et de déséquilibres. Le passif ne sera pas uniquement écologique. Il sera aussi financier. Le boomer léguera à ses héritiers un endettement considérable. Il faut comprendre que nous tenons là un consommateur vorace et compulsif. Et quand ses ressources financières se trouvent limitées, en raison par exemple de son appétence décroissante pour le travail ou d'une croissance économique en berne, il n'hésite plus. Il s'endette pour consommer. On lui prête sur gage, car on le croit immensément riche. Quand l'endettement privé atteint ses limites, c'est l'endettement public qui prend le relais. Jamais dans l'Histoire, la dette publique n'avait atteint de tels sommets en temps de paix. La France fait partie du club des surendettés, avec 120 % du PIB en dette publique. Elle accroît cette dette sans discontinuer depuis les années 1970, et semble incapable de dépenser moins que ce qu'elle gagne. De façon structurelle, les dépenses de l'État sont un tiers supérieur aux recettes. Les technocrates cachent ce déséquilibre en rapportant le déficit au PIB. C'est un tour de passe-passe. Les Français, et même certains journalistes qualifiés, se font prendre au piège et comprennent qu'on dépense seulement 2 à 3 % de plus que ce que l'on gagne. J'ai souvent fait le test pour m'amuser. Ce petit déficit semble absorbable. Mais ce n'est pas le PIB qui remboursera la dette, ce sont les recettes publiques. Le fossé entre les dépenses et les recettes publiques n'est simplement pas tenable.

La France vit donc à crédit, baignée dans l'illusion que cette dette ne sera jamais exigée. Seulement voilà, cette dette est exigible, par essence. Chaque ligne de crédit dispose d'une échéance et impose à la France un rendez-vous avec des conditions de marché qui, par nature, ne sont pas prédictibles. Imaginons que le refinancement ne soit plus possible, parce que nos créanciers ont changé d'avis, parce qu'un petit doute s'est soudainement installé sur notre capacité de rembourser, parce que nos voisins allemands se sont lassés de nos excès. Ce serait le défaut avec toutes ses conséquences collatérales : explosion durable des taux d'intérêt, mise sous tutelle par le FMI ou l'Europe des dépenses publiques, politique de « rigueur », baisse des salaires et des pensions, vente à la casse des biens communs… La Grèce a connu cet épisode douloureux. Plus la dette augmente et plus ce scénario du pire devient hélas probable. Pour s'en sortir il faudrait connaître une croissance économique accélérée, ce que la France semble incapable de délivrer avec sa structure actuelle.

À défaut de maîtriser les comptes, il conviendrait *a minima* que cette dépense publique – très excessive par rapport aux recettes – soit fléchée vers l'investissement, plus que sur la consommation. Des investissements pour nous préparer au monde sans carbone qui nous arrive seraient très bienvenus. Cela permettrait un début de rééquilibrage avec les générations suivantes, ultimement bénéficiaires de cet effort. Mais à l'heure où j'écris ces lignes, rien ne semble en prendre la direction. La consommation l'emporte sur l'investissement. La priorité de nos politiques, c'est de nous « protéger ». En fait, c'est de notre fin de mois qu'il s'agit, de notre santé, de notre sécurité… d'ici à la prochaine échéance électorale. L'horizon est bien court, l'ambition égocentrée. Notre pays reste dirigé pour et par des boomers gloutons, pollueurs qui vivent en parasite, en empruntant sur le dos des générations suivantes.

2

Le choix n'est plus sur l'objectif mais sur la méthode

On n'a plus le choix. La température de la terre est entrée dans un cycle d'augmentation, continue et puissante, sous l'effet des émissions de gaz à effet de serre. Les derniers climatosceptiques sont en train de battre en retraite devant l'évidence. La planète se réchauffe, vite, beaucoup plus vite que durant n'importe lequel des nombreux cycles climatiques qu'elle a connus dans son histoire. C'est incontestable.

En 1979, le vulcanologue Haroun Tazieff, qui a tant marqué notre enfance, l'avait déjà expliqué. Un soir de grande écoute, dans *Les Dossiers de l'écran* d'Antenne 2, il lançait : « La pollution industrielle produit une énorme quantité de gaz carbonique. Ce gaz se propage dans l'atmosphère et risque de faire une espèce de serre [...]. Il pourrait y avoir un réchauffement de 2 ou 3 °C degrés de la température de l'atmosphère [...] et une fusion de grande quantité de glace polaire, aussi bien au nord qu'au sud, et une montée des eaux. » Le commandant Cousteau, qui était sur le plateau, avait aussitôt qualifié ces propos de « baratin ». Le commandant ajouta avec aplomb que cet excès de CO_2 n'était pas contestable, mais qu'il se trouverait naturellement et rapidement absorbé par les forêts et par les océans. Et parce qu'à cette époque civilisée on restait courtois sur les plateaux de télévision, les deux protagonistes formulaient la motion de synthèse qu'il fallait protéger les océans et étendre les forêts. Le dernier mot revint au journaliste animateur qui conclut qu'il ne fallait donc pas affoler les populations... C'était il y a quarante ans. Tout était dit.

Seulement voilà, quand Haroun Tazieff s'inquiétait du CO_2 dans l'atmosphère en 1979, on était à 320 ppm (parties par million) de concentration, en belle progression par référence au niveau de 280 ppm avant la révolution industrielle. Depuis, la concentration a franchi les 400 ppm, selon l'observatoire de Hawaï qui mesure ce taux depuis soixante-trois ans. En mai 2021 et malgré le Covid, ce taux a même atteint 419 ppm, un record absolu. Le décalage par rapport au précieux point d'équilibre n'est plus de 40 ppm, il est de 140 ppm. Et si nous brûlons tous les combustibles fossiles jusqu'à extinction des ressources, la trajectoire est de 2 000 ppm pour le XXIIIe siècle, selon nos scientifiques.

Cette augmentation résulte directement de l'extraction irraisonnée de matières organiques enfouies dans le sol depuis des millions d'années. Nous déterrons ces ressources carbonées, les brûlons et les envoyons dans l'atmosphère sous forme de CO_2. La planète a une capacité d'adaptation remarquable et prouvée. Elle sait absorber les grandes quantités de CO_2 qu'elle produit « naturellement ». Mais là, c'est clairement trop pour elle, d'autant que nous menaçons dans le même temps ses capacités d'absorption naturelles que constituent forêts et océans.

Le charbon est incontestablement le plus polluant avec 40 % des émissions de CO_2, suivi par le pétrole (32 %) et le gaz (19 %).

Comme souvent, le plus inquiétant, c'est la trajectoire. Jusqu'au coup d'arrêt (provisoire) lié au Covid, et malgré une prise de conscience planétaire, nos émissions mondiales ont continué de progresser. En 1960, 15 milliards de tonnes. En 1980, 24 milliards de tonnes. En 2000, 30 milliards de tonnes. En 2019, 43 milliards de tonnes. En 2020, le gros coup d'arrêt de l'économie lié au Covid a limité l'augmentation[1]. C'est toujours cela de gagné, mais c'est en attendant l'inévitable reprise.

Le résultat du réchauffement climatique est déjà là. Nul besoin de laboratoire pour le constater. Les vendanges se font trois semaines plus tôt qu'il y a trente ans. Sur la même période, le niveau des

1. Source : Global Carbon Project, 2020.

océans a augmenté de 8 cm et les migrateurs comme le balbuzard pêcheur reviennent dix-sept jours plus tôt. Les cerfs brament jusqu'à fin novembre. La banquise se réduit. Les glaciers alpins de la vallée de Chamonix fondent à grande vitesse. Nos forêts souffrent de sécheresses à répétition ; des dizaines d'essences d'arbres sont déjà condamnées par les « chocs hydriques » qui se multiplient. Le grand dérèglement a commencé.

Au-delà de ce qui est connu et mesuré, des phénomènes d'accélération du réchauffement climatique menacent et pourraient faire craindre un emballement au-delà des scénarios les plus pessimistes. Le dégel du permafrost en fait partie. La matière organique contenue en sous-sol dans les immenses territoires du Nord canadien et de la Sibérie est en train de dégeler, libérant des quantités considérables de CO_2 et de méthane. Le volume total de matière en question contient deux fois plus de carbone que la totalité de l'atmosphère. Il y a danger.

Mais rassurons-nous, en matière de réchauffement climatique, la France appartient au club des pays les plus vertueux du monde. Nous émettons 5 tonnes de CO_2 par habitant. Cela peut paraître beaucoup, mais c'est un des plus petits chiffres des pays développés. C'est un quart de moins que la moyenne européenne ou que la Chine, moitié moins que l'Allemagne, la Russie ou le Japon, et deux tiers de moins que les États-Unis. Ce succès, on le doit au nucléaire, qui nous permet d'éviter chaque année des rejets considérables de gaz à effet de serre, mais aussi, il faut bien l'admettre, à notre relative désindustrialisation.

Si la France est parmi les petits producteurs de CO_2, son bilan est bien plus dégradé quand on compte l'effet des importations. Nous n'émettons directement que 300 millions de tonnes équivalent CO_2 à raison de notre production intérieure et de la consommation des ménages. Mais si on raisonne en « empreinte carbone » et qu'on ajoute les émissions que causent nos importations, ce chiffre fait plus que doubler pour atteindre 605 millions de tonnes équivalent CO_2[1]. En résumé, nous polluons peu en France, mais nous consommons beaucoup de produits polluants que nous faisons produire à l'étranger par des pays moins regardants. C'est ainsi que nous comptons parmi les receleurs des émissions du charbon chinois, du lignite allemand ou du gaz de schiste américain. Trois scandales de pollution des temps modernes qui répondent sans conteste à la définition adoptée par la convention citoyenne réunie par le président Macron : « Constitue un crime d'écocide toute action ayant causé un dommage écologique grave en participant au dépassement manifeste et non négligeable des limites planétaires, commise en connaissance des conséquences qui allaient en résulter. »

1. Source : I4CE, CGDD, 2019.

À l'échelle mondiale, le sujet est loin d'être simple. Les Chinois et les Indiens ont beau jeu de rappeler que les Occidentaux ont pollué la planète pendant des années, et plus que de raison, lors des révolutions industrielles du XIXe siècle et du XXe siècle. En France et en Angleterre, nous avons extrait et brûlé tout ce que nous avions de charbon, de pétrole et de gaz sur le territoire national. Priver les pays en voie de développement de tout droit à émettre du CO_2 équivaut à les priver du développement économique qui s'annonce devant eux, et donc à geler les grandes inégalités sociales de la planète. Pour ces derniers, les efforts en matière d'émissions doivent d'abord être réalisés par les pays riches. Il leur apparaît injuste de brider la croissance des pays pauvres par des restrictions ou des taxes anti-carbone qui viseraient à affaiblir leurs économies naissantes, tout en préservant l'hégémonie de l'Occident. Il y a donc un équilibre à trouver. Il repose sur l'impératif que la croissance des pays émergents ne s'accompagne plus d'un feu d'artifice d'émissions de CO_2. Il y a vingt ans, la Chine émettait 3 milliards de tonnes équivalent CO_2 par an, comme la zone euro. Aujourd'hui, elle est à plus de 12 milliards de tonnes. Davantage que les Européens et les États-Unis ensemble ! La planète ne peut se permettre que l'Inde, l'Indonésie, le Brésil ou l'Afrique suivent le même chemin que la Chine. Ce n'est plus une question de justice ou d'équité entre les peuples. C'est une question de survie pour l'humanité.

Tout conduit à l'inévitable conclusion que notre génération a beaucoup abusé. Le moment est venu d'en prendre acte et de choisir un autre cap. La réduction drastique des émissions de gaz à effet de serre doit dicter notre action collective, sociale, économique et politique. Il y a maintenant urgence à produire moins ou mieux… Tiens ! voilà le début d'un clivage. Celui-ci va servir de ligne de démarcation pour les années à venir. Il sous-tend déjà tous les choix politiques du moment.

3

Arrêtez tout !
La logique implacable du club de Rome

En réaction au désastre environnemental, la partie dominante de l'écologie politique moderne propose que notre société de consommation entre dans une grande période de carême. Il faudra se priver si on ne veut pas finir grillés. Seule une décroissance économique rapide et violente peut nous laisser un espoir de salut. Pour assurer l'avenir de l'humanité, les habitants de la planète doivent s'extraire de la mondialisation et de la course folle à la consommation irraisonnée.

La décroissance est un des thèmes favoris de Jean-Marc Jancovici, polytechnicien écologiste, brillant et influent. Très populaire parmi les élèves d'écoles d'ingénieurs et sur les réseaux sociaux, il a créé le cabinet de conseil Carbone 4 qui accompagne les grandes entreprises vers la transition énergétique et le bas carbone.

Pour Jancovici, la croissance économique a été entièrement tirée par la disponibilité presque gratuite des énergies fossiles. Charbon, pétrole et gaz ont permis de démultiplier la force humaine à moindre coût depuis 250 ans. Avec le pétrole, le gaz et le charbon, l'homme est devenu une sorte d'Iron Man. Il est 200 fois plus puissant qu'à l'époque où il dépendait de la force animale. Cette surabondance d'énergie presque gratuite explique la quasi-totalité des gains de productivité, et donc de la croissance économique mondiale. Dans cette perspective, la décroissance n'est pas une option, c'est une certitude. Elle ira de pair avec l'interdiction ou la disparition de la ressource énergétique d'origine fossile. Coupez la pompe à essence, et le monde devra se contenter de beaucoup moins. Si on se prive assez vite du charbon, du pétrole et du gaz conventionnel, il y a une chance que la planète s'en sorte, moins prospère, mais survivante. Si on attend l'épuisement de ces ressources, le cataclysme est assuré, économique et écologique, avec les guerres en plus. Triste perspective. Mais dans les deux cas, nous connaîtrons inéluctablement la décroissance économique.

Jancovici reconnaît qu'une partie de cette décroissance peut être compensée par de l'innovation technologique, et par le recours à davantage de nucléaire. Il estime que cette source d'énergie est d'ailleurs la seule solution disponible pour produire massivement et rapidement de l'énergie presque décarbonée. Mais il maintient que cela ne suffira pas et qu'il faut s'attendre à des temps difficiles, notamment en raison de l'impact social du réchauffement climatique, des migrants, de l'instabilité politique… On doit comprendre que notre bien-être social, les trente-cinq heures, ou même les retraites, sont intimement liés à l'abondance de l'énergie. Avec la fin du charbon et du pétrole, Jancovici prédit une contraction sévère et longue du pouvoir d'achat. Pour lui, elle a déjà commencé depuis 2008, avec le pic de production du pétrole conventionnel. Malgré un stimulus monétaire inédit, notre PIB stagne. Le PIB et la consommation d'énergie carbonée sont intimement liés. Ce constat est au fondement de la célèbre équation de Kaya, l'économiste japonais qui inspire les analyses du Giec depuis 1993. Jancovici la reformule volontiers sur les plateaux de télévision. Il déclare en 2020 sur BSmart, la chaîne de Stéphane Soumier : « Tout ce qui ne se fera pas comme régulation volontaire sur l'efficacité carbone, énergétique ou sur la sobriété, se fera sur la contraction économique ou sur la diminution de la population. »

Quant au réchauffement climatique, il a passé un point de non-retour, nous dit-il, et il faudra 10 000 ans pour retirer l'excès de gaz à effet de serre de notre atmosphère. Au passage, Jancovici, qui aime à citer les mots de Paul Valéry « le temps du monde fini commence », est très critique avec nos dirigeants politiques qu'il estime ne pas avoir pris la mesure de ce qui va se passer. On continue de gouverner à la petite semaine, nous dit-il en substance, comme si la disponibilité d'énergie était infinie. La fermeture de Fessenheim, et plus généralement, la politique antinucléaire du pays, ou encore le recul du ferroviaire, vont accroître le désastre alors qu'ils étaient autant d'atouts français dans cette « course contre-la-montre » de la fin annoncée du pétrole. Car l'épuisement des ressources était prévu de longue date. On nous l'avait bien dit en 1972, avec le club de Rome. Les ressources de la planète sont finies. Il faudra se contenter de moins en moins.

Sa réflexion s'inscrit en effet dans la lignée du rapport Meadows de 1972. Un an avant l'édition de ce rapport, le numéro spécial « SOS environnement » est publié par *Le Courrier de l'Unesco*. Ce numéro relaye l'appel pressant lancé par 2 200 scientifiques de vingt-trois pays, dont quatre Prix Nobel, à U Thant, secrétaire général des Nations unies. Une menace sans précédent pèse sur l'humanité à cause des destructions environnementales, de la pollution, de l'épuisement des ressources, de la croissance démographique, des conflits armés et des inégalités socio-économiques. Dans l'introduction à ce manifeste, U Thant parle d'un « grave danger général qui porte en lui les prémisses d'une extinction de l'espèce humaine ». Il ajoute toutefois que les problèmes mondiaux et interdépendants peuvent « être résolus si, écartant nos mesquins et égoïstes intérêts, nous visons à satisfaire les besoins de tous les hommes ».

L'année suivante, le rapport Meadows est publié, suite à la commande du club de Rome, ce groupe de réflexion réunissant scientifiques, économistes, fonctionnaires et autres industriels de cinquante-deux pays. Écrit par Donella et Dennis Meadows, il est réalisé par un groupe d'ingénieurs du Massachusetts Institute of Technology (MIT), spécialisés dans la dynamique des systèmes. Pour réaliser leur étude, ils font une simulation par ordinateur de l'humanité qui est fondée sur cinq paramètres : la population, la production alimentaire, l'industrialisation, la pollution ou encore l'utilisation des ressources naturelles non renouvelables. Ils se demandent si la croissance exponentielle de ces cinq paramètres peut continuer indéfiniment. Leur réponse est négative ; ils montrent que l'on se dirige vers une raréfaction des ressources potentiellement catastrophique. Pour éviter l'effondrement du système planétaire, il faut impérativement stabiliser la croissance démographique et la production économique. L'effondrement ne consistera pas en la fin de l'humanité, mais en la diminution brutale de la population, doublée d'une dégradation significative des conditions de vie de ceux qui auront survécu. Il est alors nécessaire de faire advenir un « état d'équilibre global » et une « société stable », selon Donella et Dennis Meadows.

Ce rapport, publié à l'époque du premier choc pétrolier, connaît un vif retentissement, notamment dans les milieux dirigeants, industriels et politiques de l'OCDE, comme de la Commission européenne. Il ancre dans les esprits l'idée des limites physiques et matérielles de la croissance économique. C'est la bible des tenants de la décroissance dont l'influence grandit chaque année.

En France, probablement faut-il considérer le professeur Serge Latouche comme le grand penseur de la décroissance. Dans son livre *L'Abondance frugale comme art de vivre*, il nous propose de changer de modèle et d'adopter l'« a-croissance », avec le même *a* privatif que celui qu'on utilise quand on parle d'athéisme. Il précise : « Et c'est d'ailleurs très exactement de l'abandon d'une foi et d'une religion qu'il s'agit : celle du progrès et du développement. Devenir des athées de la croissance et de l'économie[1]. » Évidemment, Serge Latouche souhaite cette « a-croissance » pour lutter contre le réchauffement climatique et préserver la planète. Mais pas seulement. Son plan est un vaste projet de société qui couvre l'organisation politique, la philosophie, l'économie. La décroissance est une révolution à mener, totale et englobante, bien plus qu'une simple conséquence inévitable de la fin du pétrole.

Tout commence par la recherche du bonheur. L'époque veut nous faire croire que l'abondance offerte par la société de consommation est source de

---

1. Serge Latouche, *L'Abondance frugale comme art de vivre*, Payot & Rivages, « Rivages poche – Petite bibliothèque », 2020, p. 53.

bonheur. Or c'est tout le contraire. Stress, obésité, jalousie, inégalité, surmenage, addictions, absentéisme; aucune souffrance ne nous est épargnée. La société moderne fait de nous des « toxicodépendants » à la croissance. Tandis qu'on nous baigne dans une illusion d'abondance, on nous prive en réalité des choses essentielles: « l'air pur, l'eau naturelle potable, une nourriture saine, les espaces verts, le logement et, bien sûr, le temps de la convivialité[1] ». Il est urgent de retrouver du sens pour nos existences. Le vrai bonheur de l'« abondance frugale » nous tend les mains.

Le modèle économique proposé est celui de la « démondialisation », la relocalisation des activités (en évitant soigneusement le terme d'« industrie ») et la réappropriation de l'argent. L'alimentation sera locale, issue de l'agriculture paysanne. Mais surtout, on travaillera moins. Il ajoute que « la réduction peut-être la plus importante à mettre en œuvre, c'est la réduction du temps de travail[2] ». Ainsi, « il faut travailler moins pour vivre mieux, pour redécouvrir le sens de notre présence au monde: prendre le temps de savourer les produits de la terre[3] ».

Le volet social n'est pas en reste. L'« abondance frugale » ne peut se concevoir que dans une « société solidaire ». Il faut en fait sortir de l'économie: « Retrouver le sens de la mesure, n'est-ce pas sortir

1. *Ibid.*, p. 57-58.
2. *Ibid.*, p. 79.
3. *Ibid.*, p. 79.

de l'obsession du mesurable et dire adieu à l'économie pour retrouver le social ? [...] Ce qui compte ne se compte pas[1]. »

Et pour que la décroissance soit complète, on lui ajoute l'apologie de la lenteur, qui est son corollaire le plus naturel.

Ainsi, c'est un véritable pays de Cocagne qui nous est ici proposé, fait d'abondance et d'oisiveté. Un pays où plus on dort et plus on gagne, comme dans le fameux « Fabliau de coquaine », écrit au XIIIe siècle. On y fait bonne ripaille, et on y vieillit peu.

Franchement, j'ai bien envie de m'inviter dans le paradis gourmand de Serge Latouche. M'asseoir à sa table, pleine de bons produits locaux, qu'il aura échangés avec ses sympathiques voisins. Les petits pois du potager d'à côté, la belle poularde de la basse-cour et le gamay bio qui pétille. Prendre le temps de pousser jusqu'au digestif, avant de m'allonger pour une bonne sieste qu'aucun remords ne viendra perturber, tant j'aurai compris que mon travail est inutile, ma quête de progrès futile et mon mode de vie névrosé néfaste à la planète. Je pense que je pourrais même entraîner quelques amis bons vivants de mes connaissances, que le travail n'a jamais vraiment passionnés.

Mais, à dire vrai, je ne suis pas sûr que cela suffira à sauver la planète.

1. *Ibid.*, p. 52.

4

Aux sources du renoncement

Cette invitation à la décroissance prend souvent les traits d'une école de pensée qui semble née avec le réchauffement climatique et la prise de conscience écologique. En réalité, ses ressorts sont bien plus anciens qu'il n'y paraît. Faisons un retour rapide sur les sources de cette idée.

Il y a d'abord nos racines chrétiennes : après le péché, la contrition, puis la pénitence et enfin la pauvreté qui rapproche de Dieu.

La faute originelle pèse sur les épaules des chrétiens. La désobéissance d'Adam et Ève a livré l'homme à l'esclavage du péché et de la corruption. Pascal Bruckner en fait justement l'analyse dans *Le Fanatisme de l'Apocalypse* : « Avec l'écologie [...] le coupable, c'est l'homme lui-même dans sa volonté de dominer la planète, de l'arraisonner [...]. Retour aux fondamentaux du christianisme : le mal, c'est l'orgueil de la créature révoltée contre son Créateur et qui outrepasse ses prérogatives. » Et la faute originelle, elle commence lorsque « le primitif invente son premier outil et s'éloigne de l'être ».

La faute touche particulièrement notre époque moderne. Six des sept péchés capitaux constituent le quotidien du boomer glouton qui dévore aujourd'hui la planète : la gourmandise, la luxure, l'envie, la paresse, l'avarice et l'orgueil. Reste la colère, qu'il exprime néanmoins, sans retenue, quand la société ne lui donne pas les moyens de se livrer correctement à la commission des six autres péchés.

Alors que faire ? Les ermites et les moines cisterciens ont pris leur parti. Le salut sera trouvé dans le dénuement et la pauvreté. Vivre reclus, à l'écart des agitations du monde. Mener une vie de piété, de recueillement, de spiritualité, d'abstinence et de mortification. Renoncer à tous les biens superficiels pour s'en remettre uniquement aux activités de l'esprit, auxquelles s'ajoute le travail pour les moines cénobites. S'assurer une autosuffisance pour ne pas avoir à commercer. S'isoler dans le silence pour entendre les vérités supérieures et se rapprocher au plus près de Dieu. Pour connaître la béatitude, il faut cultiver le détachement et vivre pour soi.

Mais le chrétien qui ne souhaite pas prendre l'habit peut rester en société, dans le monde. Pour ne pas gâcher toutes ses chances au jour du Jugement dernier, il prendra conscience de sa faute, éprouvera le remords de ses péchés et promettra, inlassablement, de ne jamais plus les commettre. Pour que l'acte de contrition soit total, il faut se livrer au sacrement de pénitence et de réconciliation : la confession. On confessera à un prêtre l'ensemble des péchés, en commençant par les plus graves. Pour le boomer-pollueur accompli, la liste est déjà établie. Une fois les regrets exprimés, on réparera les dommages causés aux autres et à soi-même. C'est la pénitence. La réparation doit toujours être proportionnée au dommage causé. Et en matière d'écologie, il y a matière.

C'est ainsi que dans le terreau de nos sociétés largement déchristianisées, nos racines chrétiennes demeurent et renaissent sans cesse. Elles nous mettent dans la position du coupable et nous font éprouver le sentiment de la faute. La faute n'est pas envers Dieu mais envers Gaïa, la déesse de la Terre, dont nous menaçons désormais les équilibres fondamentaux.

Les apôtres de la décroissance, souvent anticléricaux, empruntent sans le savoir ce chemin déjà ouvert par 2 000 ans de christianisme. Tout d'abord la reconnaissance de nos fautes, la douleur, la contrition, puis la recherche de la rédemption à travers une renaissance dans un monde de sobriété, de modération, de respect de la nature et des autres. La décroissance est un vecteur dont l'aboutissement inéluctable porte un nom qui n'est jamais prononcé : la pauvreté. La pauvreté, dans beaucoup de religions, est l'état supérieur qui rapproche de Dieu. Il n'y a rien à en craindre, bien au contraire. La pauvreté, c'est le salut que nous propose, sans l'assumer vraiment, la décroissance.

Mais oublions le confessionnal une seconde. Le renoncement des « objecteurs de croissance », ce n'est pas seulement une mortification. Ce choix a son revers optimiste, enchanteur. C'est l'espérance d'un retour à l'âge d'or, à ce paradis perdu synonyme de liberté, de paix, de douceur et de longévité. Ce moment mythique est présenté, par les auteurs antiques, comme celui de l'abondance dans une nature généreuse. Ovide, dans les *Métamorphoses*, décrit le mythe de l'âge d'or : « Le printemps était éternel et les paisibles zéphyrs caressaient de leurs tièdes haleines les fleurs nées sans semence. Bientôt après, la terre, que nul n'avait labourée, se couvrait de moissons ; les champs, sans culture, jaunissaient sous les lourds épis ; alors des fleuves de lait, des fleuves de nectar coulaient çà et là, et l'yeuse au vert feuillage distillait le miel blond[1]. »

Chez Rousseau, le mythe de l'âge d'or prend les allures d'une fiction dans laquelle l'homme se serait débarrassé de tout ce qu'il tient de la société ou de la culture. C'est l'état de nature. L'homme originel naîtrait bon et libre, la corruption ne venant qu'avec l'avènement de la société et de la propriété privée. L'homme, dès lors qu'il est sociable, devient jaloux, envieux, ambitieux et calculateur : « Ainsi dès l'instant qu'un homme eut besoin du secours d'un autre, dès qu'on s'aperçut qu'il était utile à un seul d'avoir des provisions pour deux, l'égalité

1. Ovide, *Métamorphoses*, trad. Georges Lafaye, Gallimard, « Folio classique », 1992, p. 46 (livre I, 103-129).

disparut, la propriété s'introduisit, le travail devint nécessaire, et les vastes forêts se changèrent en des campagnes riantes qu'il fallut arroser de la sueur des hommes, et dans lesquelles on vit bientôt l'esclavage et la misère germer et croître avec les moissons[1]. »

L'idéal de cette vie en communion avec la nature a alimenté constamment nos utopies. Elle revient avec nos confinements successifs. On se remet à rêver de nature, d'espace et de liberté. Les Français délaissent les villes, achètent à la campagne et tentent de renouer avec cette nature nourricière. L'heure est aux potagers, aux producteurs locaux ainsi qu'à une consommation raisonnée. On se dit que, finalement, le bonheur était à portée de main et que l'on était passé à côté. Il convient de s'en remettre aux choses simples et de se contenter de peu, tel que le préconisaient les philosophes du Jardin, disciples d'Épicure. Les épicuriens ne sont pas des jouisseurs fêtards et débauchés. Si Épicure fait l'éloge du plaisir, c'est pour indiquer que seuls les plaisirs véritables sont à poursuivre. Pour connaître la quiétude, il faut se détacher des plaisirs terrestres, des passions et ne satisfaire que les désirs naturels et nécessaires. Seuls boire et manger sont donc des désirs qu'il convient de satisfaire, mais toujours avec modération. Un morceau de fromage frais sur un quignon de pain fera l'affaire.

1. Jean-Jacques Rousseau, *Discours sur l'origine et les fondements de l'inégalité parmi les hommes*, 1755.

Pour que l'aréopage des sources de notre décroissance moderne soit complet, il faut enfin y convoquer les stoïciens, qui peuvent sans doute réconcilier chacune des puissantes racines religieuses et philosophiques que nous venons d'énumérer. Ce sera la conclusion de ce chapitre.

Les stoïciens font l'éloge de l'indépendance qui seule permet d'accéder à la maîtrise de soi. Il faut se détourner de ce qui ne dépend pas de nous pour s'en remettre uniquement à ce qui en dépend. Or nous n'avons pas de contrôle sur les choses liées au corps ou sur les biens extérieurs. Seules les modalités de l'âme – aversions, désirs, jugement – dépendent de nous. C'est ainsi que l'on devient indépendant face aux aléas de la vie, et que l'on peut connaître la constance devant l'épreuve. Le sage stoïcien veut être le seul véritable maître de lui-même. Il ne veut dépendre d'aucun autre. On lui a ainsi souvent reproché d'être orgueilleux, ; Malebranche critique sa « fierté insupportable[1] » et Pascal évoque la « superbe diabolique[2] » des principes stoïciens.

Nos « objecteurs de croissance » actuels, qui veulent vivre loin de toute civilisation, en autosuffisance, ne sont pas seulement dans la repentance chrétienne, ou l'ataraxie épicurienne. Ils cherchent ardemment cette indépendance stoïcienne face à nos représentations modernes. Et sous cette apparente humilité, coule peut-être une grande rivière d'orgueil.

1. Nicolas Malebranche, *De la recherche de la vérité,* 1674.
2. Blaise Pascal, *Entretien avec M. de Saci,* 1728.

5

La collapsologie ou l'Apocalypse revisitée

La plus belle représentation de l'Apocalypse se trouve à Angers dans le château du roi René. Il faut s'y rendre pour se plonger dans la magie de ces 850 m^2 de tentures colorées, commandées par le duc d'Anjou il y a six siècles. Ensuite, on fera un détour aux abords de la même ville pour voir les tapisseries du *Chant du monde* de Jean Lurçat, sur ce thème revisité de l'Apocalypse. Le récit de la fin du monde fait partie intégrante de notre civilisation judéo-chrétienne. Quand on admire ces œuvres, on est heureux qu'elle ait tant fasciné les artistes. Rien ne semble plus inspirant que la transcription de cette humanité en péril face aux éléments déchaînés.

Les apocalypses chrétiennes ou modernes présentent des incontournables qui les relient entre elles : la critique d'une civilisation en proie au doute, à l'apostasie, à la détresse. Un prophète qui veut lier le passé, le présent et l'avenir. Une série de « fléaux » naturels en progression continue, pour punir des hommes qui refusent à chaque étape de se repentir : réchauffement climatique et sécheresse, assèchement ou empoisonnement des rivières, extermination des poissons dans la mer, famine, épidémie, disparition des arbres, tremblement de terre, pluie de grêlons de 50 kilos… Rien n'est épargné aux hommes dans l'Apocalypse de saint Jean. D'ailleurs, nombreux sont ceux qui vont mourir. Dans ce même texte, un quart de l'humanité meurt avec les quatre premiers sceaux. Puis un grand nombre avec la peste de la troisième trompette. Enfin, un tiers des survivants nous quitte avec la sixième trompette. Au total, plus de la moitié de l'humanité va disparaître. Mais, après cette longue et terrible colère de Dieu, après tous ces morts, la rédemption arrive enfin. C'est la Jérusalem céleste. L'aboutissement de l'histoire. La réconciliation avec la perfection initiale. C'est la victoire du bien sur le mal. Il n'y a plus de mensonge, ni de violence. Et la nature est généreuse : elle permet de réaliser douze récoltes par an.

S'il y a une catastrophe qui nous est familière, c'est bien l'apocalypse. Des dizaines de dates ont été prophétisées depuis l'Antiquité, par les Romains, par certains papes, par Luther, Nostradamus et même par Christophe Colomb. Dans la longue liste des prédictions de fin du monde, on trouve, parmi les plus connues : l'an 1000, l'an 1666 ou l'année du diable, 1910 et la comète de Halley, 1975 ou la dernière prévision des Témoins de Jéhovah, l'an 1999 pour l'astrologue Élisabeth Teissier ou le couturier Paco Rabanne, le 21 décembre 2012 avec la fin du calendrier maya et la transhumance de toute une population d'illuminés vers Bugarach, dans l'Aude, pour y être sauvée.

Le risque de guerre nucléaire a également nourri pendant près de cinquante ans des scénarios d'apocalypse les plus redoutés. Les antinucléaires en gardent encore aujourd'hui les stigmates, malgré la fin de la guerre froide. Mais cette préoccupation s'est finalement évanouie pour le plus grand nombre.

C'est avec le réchauffement climatique que l'apocalypse, entendue comme disparition ou comme épuisement du monde connu, est revenue à l'agenda. Et pour cette apocalypse des temps modernes, notre société ne manque pas de prophètes.

En 2015 est publié aux éditions du Seuil *Comment tout peut s'effondrer. Petit manuel de collapsologie à l'usage des générations présentes*, écrit par Pablo Servigne et Raphaël Stevens. Ce livre spectaculaire suscite un engouement chez les Français qui en achètent 93 000 exemplaires. La collapsologie s'installe dans les mentalités comme l'héritière en ligne directe des récits apocalyptiques. L'effondrement n'est plus seulement possible, il est présenté comme certain et inéluctable.

Mais de quel effondrement parle-t-on ? Celui de la civilisation thermo-industrielle. La mondialisation, l'industrie, l'agriculture intensive, l'utilisation des énergies fossiles, la croissance économique, les institutions politiques ou encore les relations sociales telles que nous les connaissons, sont vouées à disparaître. Ce cataclysme conduira à la mort d'au moins « 4 milliards d'individus », selon Yves Cochet. Tout ce qui a été bâti depuis la révolution industrielle sera déconstruit.

La démonstration des collapsologues repose sur trois constats, nous expliquent Catherine et Raphaël Larrère, dans *Le pire n'est pas certain. Essai sur l'aveuglement catastrophiste* (Premier Parallèle, 2020). Premièrement, les États sont impuissants face au changement climatique et ne sont pas en mesure de prendre des décisions efficaces. Deuxièmement, les ressources de la Terre étant limitées, l'économie et la consommation ne peuvent continuer à croître de manière illimitée. Enfin, le système de la mondialisation est tellement complexe et interdépendant qu'il en est devenu vulnérable au point de devoir s'effondrer comme un château de cartes sous l'effet des secousses que connaîtra la planète.

Fred Vargas, romancière mais également chercheuse au CNRS, avait prévu le Covid, dès 2006. Depuis, elle compte parmi les prophètes. À ce titre, elle est l'autrice de *L'Humanité en péril*[1]. Pour elle, tout est en fait de la faute des multinationales. Ces méga-entreprises dirigent le monde, maîtrisent

1. Fred Vargas, *L'Humanité en péril. Virons de bord, toute!*, Flammarion, 2019.

les gouvernements, et nous envoient tous dans le mur. Leur « névrose obsessionnelle » du profit les empêche de considérer le moyen et le long termes. Les multinationales abîment la planète à force d'inventer de nouveaux produits dont nous n'avons pas besoin. Elles nous désinforment, et pratiquent la fraude fiscale. Accepter un réchauffement planétaire moyen de 2 °C, comme on l'a fait à la Cop24 sous leur influence, cela signifie une augmentation de 5 °C sur les continents. Ce scénario du pire, qui devient certain, annonce la fin du monde, avec la disparition assurée des trois quarts de la population. Le réchauffement climatique va entraîner une baisse considérable des rendements agricoles. La perte de la biodiversité et la disparition des pollinisateurs accéléreront le phénomène, car tout est lié. Et, dès 2025, nous allons manquer d'eau.

Yves Cochet n'est pas en reste. Selon lui, « l'effondrement de la société mondialisée est possible dès 2020, probable en 2025, certain vers 2030 à quelques années près[1] ». Les choses se faisant un peu attendre, l'ancien ministre de l'Environnement du gouvernement Jospin a réaménagé son calendrier et prévoit désormais l'apocalypse pour 2040. En 2040, il n'y aura plus de voitures, Tesla ou pas. En fait, il y aura quelques calèches avec des chevaux, indique-t-il avec une précision déconcertante. Il n'y aura plus d'avion. Et plus d'Internet dès

1. Yves Cochet, *Devant l'effondrement. Essai de collapsologie*, Les Liens qui libèrent, 2019, p. 40.

2035. Et dans quinze ans, il n'y aura plus d'électricité, non plus. En effet, le nucléaire ne fonctionne pas sans les camions nécessaires à transporter l'uranium, et il n'y aura plus de camion, tout simplement parce qu'il n'y aura plus de pétrole. Mais ce qui va advenir dans dix ou quinze ans, pour Yves Cochet, ce sont surtout des milliards de morts. Bien plus que pendant les deux dernières guerres mondiales cumulées, ajoute-t-il en précisant qu'il en a la voix qui tremble. Nous connaîtrons des famines mondiales, des épidémies incontrôlables mais aussi des guerres civiles.

Alors surgit une réponse. Non pas pour éviter le pire, car il est certain. Mais seulement pour en réduire les conséquences. La meilleure politique possible, pour Yves Cochet, c'est la politique de décroissance. On pourrait ainsi limiter la casse à 3,5 milliards de morts par exemple, au lieu de 4 milliards si on ne faisait rien. Le rationnement doit s'organiser à l'échelle mondiale. Précisément 40 litres de pétrole, deux bouteilles d'huile, 2 kilos de sucre, pour chaque personne. L'égalité absolue : les privilèges n'auront plus lieu. Et pendant ce temps, partout, il faut faire de la permaculture. À Paris, dans un geste magnifique, on enlèvera les pavés, pour que se déploie, non pas la plage, mais une bonne terre agricole qui collera aux sabots et viendra nourrir la ville. Le contrôle des naissances fait aussi partie de l'arsenal de la « décroissance ». Moins de tout, moins d'enfants aussi.

Après ces pertes considérables, mais finalement tout à fait conformes dans ses proportions à une apocalypse traditionnelle, on pourra entrevoir une période de « renaissance[1] ». Elle commencera à partir de 2050. Seuls les individus les plus robustes seront parvenus à survivre. On vivra sans électricité, dans la plus grande sobriété, en recyclant les machines d'autrefois. Dans le « monde d'après » d'Yves Cochet, ce qu'il restera de l'humanité sera organisé en « biorégions ».

Mathilde Szuba, citée par Yves Cochet dans son livre, en donne la définition : « Une biorégion est un territoire local délimité par des réalités écosystémiques et sociales, adaptées à la résistance à l'effondrement. C'est un appel à l'action solidaire de proximité pour organiser et maintenir une certaine cohésion sociale et des moyens de subsistance autosuffisants, notamment dans les domaines de l'alimentation et de l'énergie. C'est un bien commun, autogouverné, pour la valorisation des ressources et des savoirs du lieu. C'est une société de la démocratie participative, de la sollicitude, du *care*. [...] C'est une politique de rationnement démocratique des ressources de base qui permet à chacun de ne manquer de rien et interdit à tous de surconsommer. C'est la meilleure alternative à la débâcle de la mondialisation et aux risques d'autoritarisme, de fascisme ou de barbarie subséquents. [...] Il n'y a là

1. *Ibid.*, p. 40 et 115.

aucune identité localiste réactionnaire, aucune fermeture aux autres biorégions[1]. »

Dans ces biorégions, on ne trouvera ni énergie fossile, ni électricité. Les énergies seront 100 % renouvelables et ne contiendront aucune « terre rare ». L'alimentation sera essentiellement végétale, locale et saisonnière, tandis que les déplacements se feront de manière naturelle. On verra le grand retour du cheval, de l'âne, de la marche à pied, de la voile et des rames.

Pablo Servigne ne dit pas autre chose en nous invitant, dès aujourd'hui, à vivre différemment. Les partisans de la décroissance et du renoncement proposent un mode de vie alternatif dont les mots d'ordre sont sobriété, mesure et partage. Il nous faut apprendre à nous détacher du confort que nous offre le monde moderne. Il faut changer nos attentes et faire en sorte que nos désirs soient en accord avec le déroulement de ce monde rythmé par les catastrophes. On reconnaît ici l'héritage stoïcien, évoqué au chapitre 4. Dès lors, nous pourrons vivre avec l'effondrement dans la « joie, [le] partage, [la] fraternité[2] ».

Tout compte fait, l'effondrement, tandis qu'il va se dérouler mais surtout parce qu'il permet d'entrevoir un autre monde, pourrait bien finir par nous conduire… au bonheur. À tel point qu'il y a des

---

1. *Ibid.*, p. 235.
2. Pablo Servigne, Raphaël Stevens et Gauthier Chapelle, *Une autre fin du monde est possible*, Seuil, 2018, p. 25.

jours où l'on pourrait même le trouver désirable. Bien plus qu'une simple société de frugalité et de réemploi, c'est une nouvelle civilisation égalitaire et heureuse qui renaîtra sur les cendres du grand effondrement. Avec de nouveaux liens sociaux, de nouveaux rapports entre les humains. Une civilisation plus juste, plus inclusive, moins violente. Une Jérusalem céleste! La boucle est bouclée.

Une question vient à l'esprit quand on entend ces scénarios d'apocalypse. Quelle cause servent-ils vraiment? Pourquoi des écologistes convaincus et sincères cherchent-ils à créer une terreur dont l'intensité est telle qu'elle ne peut qu'inciter au découragement, au désespoir et finalement à l'inaction? Est-ce rendre service à la planète que de prédire la disparition de notre univers?

Hannah Arendt, dans *Qu'est-ce que la politique?*, apporte un élément de réponse en rappelant que, depuis la tragédie grecque, l'homme se croit protégé du destin par la parole. Celle-ci lui permet d'élever les inutiles au rang de ceux qui agissent, de leur redonner une dignité.

Pascal Bruckner, dans *Le Fanatisme de l'Apocalypse*, souligne l'effet d'éclaircissement du désastre: «Il coupe l'histoire en deux, l'arrache à l'indétermination du quotidien où les choses ne sont ni tout à fait bonnes, ni tout à fait mauvaises. Plutôt le chaos que l'indécision.» L'essayiste va même au-delà en avançant que notre amour de la dévastation, qu'il s'agisse des petites catastrophes dont nous abreuvent les médias ou de la grande apocalypse des prédicateurs écologiques, illustre une « haine de soi ». Un choix délibéré pour l'échec. Ce choix a conduit les Mayas, les Vikings ou les habitants de l'île de Pâques à contribuer à leur propre ruine. Enfin, Bruckner dénonce les privations de liberté commises au nom de l'apocalypse qui menace. C'est quelque part une nouvelle route de la servitude qui nous est proposée.

Pour ma part, en modeste entrepreneur, j'y vois aussi un « coup marketing ». Dans ce monde de raccourcis et de démultiplication des informations, les propos modérés ou construits ne font pas recette. Le positif même justifié, non plus. Pour être entendu, il faut du sensationnel, du dramatique de préférence. Ce n'est pas simple d'émerger du gigantesque brouhaha des réseaux sociaux. Seules des phrases courtes et marquantes sont susceptibles d'être répétées. Car on n'est plus lu aujourd'hui, on est repris. On est « liké », « retweeté ». Il faut épater. Quoi de plus simple, et de plus fascinant à entrevoir que l'apocalypse, pour notre peuple d'internautes judéo-chrétiens qui doute de lui-même ? Qui parlerait aujourd'hui d'Yves Cochet s'il n'était pas devenu prédicateur de la fin du monde ? S'il se contentait de prêcher la sobriété, comme remède à nos excès, depuis son sympathique refuge à la campagne ?

On ne sera pas étonné que je ne soutienne pas ces oiseaux de malheur. J'ai confiance dans la science, et j'aime tout ce que le progrès nous a d'ores et déjà apporté de positif : la paix, la prospérité, la fin des famines, le contrôle des épidémies, l'éducation, la démocratie… D'un autre côté, je mesure les risques écologiques que nous avons devant nous, et l'urgence de la situation. Face à l'avenir, j'estime que le pire n'est pas certain et je reste persuadé qu'il existe des solutions si nous arrivons à mobiliser nos énergies, notre science, nos entreprises dans la bonne direction. Mais pour réussir, il nous faudra de l'optimisme. J'ai vu des chefs d'entreprise vaincre des sommets impossibles, redresser des situations désespérées, conquérir des horizons improbables. Ils partageaient tous un point commun : l'optimisme.

6

Le décroissantisme : consensus politique ou nouvelle religion ?

La puissance de l'idéologie de la décroissance est telle qu'elle traverse le traditionnel fossé « droite-gauche ». Elle balaie aujourd'hui tout l'échiquier, avec une indifférence insolente pour les clivages d'antan. Plus qu'une mode, cette idéologie s'infiltre progressivement dans tous les programmes politiques pour en façonner les orientations.

Tout a probablement commencé avec l'extrême droite. La critique du progrès est le terreau le plus traditionnel des mouvements nationalistes et ultraconservateurs.

« La terre, elle, ne ment pas », affirmait le maréchal Pétain. Pour le régime vichyste, le renouveau du pays passait par le renoncement à l'industrialisation et à l'urbanisation. C'est avec le retour à la nature, à la paysannerie et à la forêt que l'on retrouverait les valeurs de la vieille France, car c'est là qu'elles auraient été le mieux conservées. Cette régression assumée permettrait de s'affranchir des « artifices » de la société moderne et de rompre avec les causes de la défaite dont il faudrait se repentir. Dans le même temps, on retrouverait une vie plus saine, pour le corps mais aussi pour l'âme. C'est dans ce cadre que le régime proposa des prêts pour reprendre des fermes à l'abandon et que le Maréchal vint symboliquement marquer un chêne de la forêt de Tronçais. On développa l'alpinisme ou les chantiers de jeunesse hors des villes. On préféra le corporatisme à la concurrence, et l'on encouragea les régionalismes de toutes sortes avec le retour aux « provinces ». On découragea le travail des femmes, en idéalisant la mère au foyer, tandis que l'on s'attacha à développer des formes de solidarité entre les classes sociales. Le pétainisme, qui fut un temps immensément populaire, a prospéré sur ce rêve d'un retour à la nature et d'une société apaisée, solidaire, libérée des asservissements et des tumultes de la modernité.

Encore aujourd'hui, dans les milieux de la droite « solide », ceux que décrivait Jean d'Ormesson dans *Au plaisir de Dieu*, on préfère la paysannerie à la finance et les petits ateliers aux grandes multinationales. Le libéralisme fait peur. La mondialisation encore plus. On ne parle pas d'argent à table, et encore moins de profit. On se méfie de la modernité, de l'innovation, des frontières ouvertes. On critique l'affaissement moral mâtiné d'individualisme qui mine l'Occident. On regrette l'âge d'or de la civilisation préindustrielle, naturellement solidaire, généreuse, paternaliste et prévoyante. Ce monde d'équilibre social et d'harmonie écologique que la société de consommation a détruit.

Cette rhétorique de la décroissance progresse aujourd'hui dans le camp de la droite moins traditionnaliste, celle qu'on n'accusera pas d'être réactionnaire. Il suffit pour s'en convaincre d'observer la régression continue de la thématique du « développement économique » dans les programmes récents de cette droite dite républicaine. Les élections régionales de 2021 en ont fourni l'illustration. On sait que nos régions ont la responsabilité du développement économique. Ce n'est pas un petit sujet. Dans un pays de fort chômage et de déficits élevés, on pourrait s'attendre à ce que la droite se préoccupe en premier lieu des entreprises, de l'investissement, de l'innovation, de la croissance... Pourtant, les candidats de droite ont presque exclu ces thèmes de leur profession de foi, se concentrant pour l'essentiel sur les sujets de sécurité, de transport, d'éducation ou de développement durable. Et cette tendance semble annoncer les prochaines orientations de cet important parti politique. Sécurité, immigration, alimentation, pouvoir d'achat, valorisation des seniors, écologie et économie circulaire devraient constituer l'ossature d'un catalogue qui se préoccupe de moins en moins de croissance économique. Et la ruralité n'est pas en reste. La droite républicaine travaille aujourd'hui sur un spectaculaire « bouclier rural » proscrivant toute fermeture de classe d'école, de bureau de poste ou de petite ligne ferroviaire, et promouvant une TVA réduite pour les produits locaux. Parmi les dix chapitres de propositions dévoilées par le site Internet des Républicains, en 2021, une seule concerne la question de la croissance économique. Et encore, le sujet n'est-il pas abordé de front. Il est noyé dans un plus vaste ensemble, « travail, entreprise et pouvoir d'achat », qui le met à portion congrue. Certes, la décroissance n'est pas citée dans le programme, mais la question de la croissance, elle, a déjà presque disparu.

Et le mouvement se trouve conforté – pour ce qui concerne les centristes de la démocratie chrétienne – par les positions du pape lui-même. L'idée de décroissance a fait un bond en avant dans les milieux de la droite catholique avec l'encyclique *Laudato si'*, de 2015, du pape François, sur « la sauvegarde de la maison commune ». Il écrit : « Nous savons que le comportement de ceux qui consomment et détruisent toujours davantage n'est pas soutenable. [...] C'est pourquoi l'heure est venue d'accepter une certaine décroissance. » Et le Saint-Père de nous inviter à nous repentir pour les préjudices que nous causons tous à la planète, petits ou grands.

Continuons notre voyage plus à gauche sur le panorama politique : c'est clairement là que la progression du mouvement « décroissantiste » a été la plus spectaculaire. Europe Écologie Les Verts et La France insoumise ont mangé en quinze ans une bonne partie du Parti socialiste et du Parti communiste français, en proposant de renoncer à beaucoup de choses, au motif de mieux protéger la planète. De cette décroissance désormais assumée, ils ont fait leur point de rupture avec les vieux partis. Les logiques socialistes et communistes s'appuyaient sur le progrès, la croissance. Les nouveaux partis, qui assument n'avoir jamais réellement gouverné, veulent rompre avec le capitalisme et défendent la décroissance heureuse.

Malgré quelques précautions de langage et des nuances selon les personnalités, le parti écologiste est globalement « décroissantiste ». En premier lieu, il est posé que la croissance est une religion qu'il faut abandonner. Puis, rapidement, on expose qu'une rupture avec notre société de consommation mondialisée est devenue impérative. Enfin, le parti se positionne pour une a-croissance, une sorte de ni-ni assez subtile, mais dont la finalité est une baisse significative de la production de richesse. Delphine Batho, présidente du parti Génération Écologie, ancienne ministre socialiste de l'Écologie sous la présidence de François Hollande, est devenue la porte-parole de cette pensée « décroissantiste ». Elle a ainsi affirmé, lors du débat pour les primaires des écologistes : « Il n'y a plus de politique écologique sérieuse sans décroissance. [...] Désormais, ce sont les indicateurs de bien-être humain ou de critères climatiques, et non plus le

PIB, qui doivent compter. […] La décroissance est le seul chemin réaliste, […] nous avons tout à y gagner en termes de sécurité, de qualité de vie, de bien-être, de bonheur, de création d'emplois, d'inventivité, de créativité. » Si Sandrine Rousseau ne se revendique pas comme « décroissantiste », son programme politique ne peut en cacher la veine : « Le programme que je porte en étant économiste, c'est un choc de compétitivité négatif. Oui, il nous faut diminuer notre productivité. Dans l'agriculture, il nous faut plus de main-d'œuvre et moins de technique. Et oui, les rendements diminueront, oui. C'est indispensable. Parce que sinon on est dans quelque chose qui est du toujours-plus. On attribue cette phrase à l'économiste Kenneth Boulding, sans être sûr que ce soit lui qui l'ait dite : "Pour penser que la croissance est infinie dans un monde fini, il faut soit être fou, soit être économiste." Je suis économiste et je vous dis [qu']il n'y a pas de croissance infinie dans un monde fini. » Le candidat écologiste à la présidentielle de 2022, Yannick Jadot, n'est pas aussi farouchement hostile à la croissance économique. Il dit qu'il « [s]'en fou[t] ». Mais son électorat, lui, semble avoir clairement pris parti contre la croissance.

L'autre grand prédateur des vieux suffrages socialistes et communistes n'est pas en reste. La France insoumise est un parti « décroissantiste » encore plus décomplexé que les écologistes.

Dès 2012, Jean-Luc Mélenchon met les pieds dans le plat aux Assises de l'écosocialisme. Il déclare :

« La décroissance n'est pas une option, c'est une nécessité. [...] Si on continue comme cela, la règle verte nous enseigne[ra] que la planète n'est pas capable de renouveler les dégâts que nous procurons. » Dès lors, il convient de « modifier radicalement les processus de production. [...] Aussi longtemps que l'on n'aura pas trouvé, il faudra décroître. [...] Commencer par faire décroître le superflu, c'est-à-dire les consommations ostentatoires, les productions inutiles ». Selon lui, « ce sera une violence ».

François Ruffin, qui se définit lui aussi comme « a-croissant », a prononcé un vibrant plaidoyer pour la décroissance à l'Assemblée nationale, lors du débat sur la loi Pacte. Il déclare : « La croissance ne fait plus le bonheur », et s'en prend aux partis dirigeants : « À qui vous le ferez croire que l'on va produire plus et polluer moins ? [...] Votre oligarchie préfère le profit à la vie. » Ce qu'il faut en réalité, c'est « moins de biens et plus de lien » et « consommer moins, répartir mieux ».

Plus à gauche encore, les zadistes suivent le même raisonnement, avec le spectacle en plus : occupation des Zad, ces fameuses « zones à défendre » pour empêcher tel ou tel projet, d'intérêt général ou d'intérêt privé, création de petites communautés autonomes pour démontrer que l'on peut être heureux en s'excluant de la société de consommation.

Finalement, plus personne à gauche ne veut libérer le prolétariat par le travail. Aucun ne réclame la nationalisation des forces productives. L'impératif de juste répartition des fruits de la croissance disparaît dans le même temps que l'on fait disparaître la croissance elle-même. Ce que l'on veut, c'est produire moins, c'est ralentir. Tout le contraire du marxisme-léninisme.

Sous bien des angles, le mouvement de la décroissance a même les aspects d'une religion. Certes il ne dispose pas vraiment de clergé organisé. Mais à l'heure des réseaux sociaux, la spontanéité et l'apparence de sincérité peuvent suffire à faire prospérer un ensemble d'idées qui finissent, d'elles-mêmes, par faire corps, pour constituer une quasi-religion attrayante et globalisante. Et celle-ci prospère davantage et plus vite que si elle disposait d'une réelle organisation. Il existe un vague « Parti pour la décroissance ». Dans un système à l'envers, il est aussi peu connu que l'audience des idées qu'il défend est puissante. La religion de la décroissance n'a pas besoin de parti, ni d'Église, pour s'imposer. Elle est partout.

Comme beaucoup de religions, le « décroissantisme » procède à une relecture du monde. On y constate systématiquement l'échec manifeste de notre civilisation : menaces écologiques, mal-être des populations et inégalités sociales. Ces souffrances ne peuvent plus durer. Dans sa relecture du cosmos, le « décroissantisme » ne fait pas dans le détail. Il y a, d'un côté, le bien et, de l'autre, le mal.

Dans la catégorie du mal se range l'ensemble des acteurs clés de la société de consommation. Les entreprises privées sont au premier rang, dès lors qu'elles dépassent le stade de l'artisanat. Les plus férocement combattues sont les fameuses «multinationales». Comme toutes les entreprises, elles sont tellement aveuglées par une recherche effrénée du profit qu'elles détruisent la planète avec un cynisme froid et méthodique. Mais ce qui rend les multinationales encore plus méprisables que toutes les autres entreprises, c'est qu'elles complotent ! De tout temps, le mythe du complot s'est avéré un solide levier pour mobiliser les consciences. Les multinationales exercent un pouvoir secret sur les gouvernements de tous bords. La mondialisation leur permet de se situer au-dessus des lois, des impôts aussi. Qu'il s'agisse de la finance internationale, des entreprises dites de la *big pharma*, de la grande distribution, des énergéticiens ou encore des Gafa, tout est à mettre dans le même paquet. Celui des acteurs dominants qui créent sans cesse des besoins artificiels, meurtrissent la planète, asservissent le peuple et manœuvrent les politiques en sous-main pour affermir leur empire.

Les marques, dès lors qu'elles dépassent l'échelle régionale, appartiennent également au monde du mal. Nutella, Coca-Cola, Heineken, McDonald's sont les symboles du monde à abattre, avec tous les produits sucrés et les glaces qui portent des marques. Même rejet pour la mode ou la cosmétique, avec Zara, H&M ou L'Oréal.

Enfin, le capital privé lui aussi est à ranger dans le camp des forces obscures. Il est responsable des dérèglements de tout ordre qui menacent la planète. Il se concentre chaque année davantage entre les mains de quelques-uns, au détriment de tous les autres. Ces inégalités croissantes sont une raison majeure pour ranger le monde capitaliste tout entier du côté du mal. Dans sa coloration complotiste, le « décroissantisme » voit aussi le mal dans la science. Le progrès est suspect, surtout s'il est issu d'une recherche financée par des intérêts privés. On ne nous dit pas tout. On nous cache des choses. Les vaccins sont aussi dangereux que les fameuses semences de Monsanto. Des poisons qui visent à asservir, à créer des addictions inutiles ou dangereuses.

Le bien est du côté du peuple, naturellement bon. Certes, le consommateur a bien une part de responsabilité dans l'état du monde, mais on ne peut pas vraiment lui en vouloir. C'est une victime innocente et inconsciente des multinationales. Car, au fond, le royaume de la lumière brille en lui. Il suffit de le lui révéler pour qu'il devienne végane, altermondialiste, zadiste, ou simplement « objecteur de croissance ». Comme beaucoup de religions, le « décroissantisme » dicte à l'individu la conduite à tenir, dans les moindres détails. Il disposera ainsi d'un ensemble de choses à faire ou à croire. Refus de l'avion, renoncement à la viande, rejet du nucléaire… Le corpus de règles ou de croyances ne se discute pas. Il permettra de sauver la planète, mais également de disposer d'un état supérieur de conscience de soi, une « pleine conscience ». À proprement parler, cette révélation est une libération. Mais l'est-elle vraiment ?

7

Ce monde de renoncement qui avance

On arrête le café, on fait soi-même son dentifrice, on ne prend plus l'avion, on ne mange plus de fruits en hiver, et plus de poisson toute l'année, ni, d'ailleurs, de viande… Quant au progrès qu'on acclamait autrefois, il fait peur désormais. Les vaccins, le compteur Linky et même la 5G sont dans le viseur du renoncement. Car il faut comprendre que le monde de la décroissance, c'est d'abord celui du renoncement.

Tout commence par les petits renoncements du quotidien. Ils permettent de se distinguer. Certains y voient l'occasion de briller sur les réseaux sociaux, de se faire des amis en rejoignant des communautés. D'autres y sont arrivés par la conviction sincère que la décroissance était le seul remède aux désordres écologiques. Une ultime catégorie y voit une étape vers le « bonheur frugal » dont nous avons décrit les racines philosophiques et religieuses.

Il faut dire que l'heure est à la culpabilisation. Depuis quelques années, un nouveau marronnier est apparu dans les médias, c'est le fameux « jour du dépassement de la terre ». Ce jour indique à partir de quelle date l'humanité est supposée avoir consommé l'ensemble des ressources que la planète est capable de régénérer en un an. Depuis, de multiples sites proposent de calculer l'empreinte écologique de chaque citoyen. Après avoir répondu à plusieurs dizaines de questions, le nombre de planètes dont nous avons besoin pour subvenir à nos besoins en fonction de notre mode de vie nous est livré. Le raisonnement scientifique est modeste et les calculs assez invérifiables, mais le moteur fonctionne. Il est presque impossible de n'avoir besoin que d'une planète. Ce résultat effrayant relève pourtant de la tautologie. Sauf à vivre comme un animal dans les bois, notre contemporain le plus vertueux – écologiquement parlant – consomme malgré lui son lot de ressources non renouvelables. Or la moindre once de gaz, d'essence ou de charbon vous fait basculer dans l'excès. Même si vous choisissez les fameuses énergies renouvelables, vous n'êtes pas dans le coup. Il faut compter les terres rares et autres matériaux de construction qui permettent de produire les cellules photovoltaïques, d'ériger les barrages ou les éoliennes…

Dès lors, on ne sera pas surpris que la décroissance, présentée comme le seul remède possible à cette surconsommation de ressources non renouvelables, soit à la mode. C'est particulièrement le cas pour la jeune génération. À raison, les enfants des boomers s'inquiètent pour leur avenir. En guise de solution, on leur propose un mode de vie fait de gestes, petits et grands, censés bouleverser le quotidien. Pour l'illustrer, j'ai choisi de vous présenter Camille, personnage semi-imaginaire.

Installée en région parisienne, Camille, 29 ans, est cadre dans un cabinet d'expertise comptable. Responsable d'une équipe de six personnes, elle réussit bien dans son métier. Elle a eu le déclic, il y a quelques années de cela, lorsque son père, professeur de SVT au collège, lui a révélé que les déodorants, vendus en hypermarchés, étaient cancérigènes. Inquiète, elle cherche une alternative et découvre que le bicarbonate de soude constitue un très bon substitut. Puis, un film de Yann Arthus-Bertrand lui révèle, soudainement, l'état désastreux de la planète. Elle se donne alors pour objectif de réduire son empreinte écologique, dans le même temps que sa dépendance aux marques. Elle se rend compte que les usages du bicarbonate de soude sont multiples et se met à l'utiliser pour fabriquer elle-même son dentifrice. Aujourd'hui, elle confectionne une grande partie de ses cosmétiques et produits ménagers. Dans sa salle de bains, il n'y a presque plus de produits, et aucune marque. Le beurre de karité a remplacé les crèmes pour les mains, pour le corps ainsi que les baumes pour les lèvres ; l'huile de coco sert à hydrater les cheveux ; le marc de café à exfolier la peau. Pour nettoyer tout l'appartement, un seul mélange « fait maison » suffit : vinaigre blanc, eau, bicarbonate de soude (à nouveau), et pelures d'agrumes pour la bonne odeur.

La règle des 5R rythme son quotidien : *refuse* (refuser les emballages), *reduce* (réduire la consommation), *reuse* (réutiliser), *recycle* (recycler) et *rot* (composter).

Avant d'acheter un produit, Camille procède à son examen de conscience : en a-t-elle vraiment besoin ? peut-elle le fabriquer elle-même ? Le superflu n'est pas autorisé, seul l'indispensable est permis. Pour elle, le combat de tous les jours, c'est la résistance aux besoins artificiels que nous impose la société de consommation. Les grandes multinationales, qu'elle accuse de toutes les malices, en sont responsables, avec les dégâts qu'on connaît. Camille a donc « désencombré » son appartement. Elle a donné des centaines d'objets inutiles pour changer « son rapport aux choses ». Elle a collé un « STOP PUB » sur sa boîte aux lettres. Et c'est avec soulagement qu'elle s'est aussi séparée de sa télévision. Elle s'épargne ainsi le spectacle affligeant des spots publicitaires. Néanmoins, elle est abonnée à Netflix et s'active sur Instagram, où elle met en scène son mode de vie qu'elle veut « alternatif », avec l'énergie d'une jeune militante convaincue.

Les achats de Camille se font dans des magasins ou des marchés bio qui vendent les produits en vrac, et toujours de saison. Elle pratique la politique du

« zéro déchet », même si ce n'est pas toujours évident. Hors de question d'acheter des produits emballés et encore moins des plats préparés. Pour ranger ses achats, Camille est équipée de sachets réutilisables lavables ainsi que de bocaux en verre. Elle refuse d'ailleurs tout emballage du pain à la boulangerie. Elle préconise de venir avec un sac à pain, un sac en toile ou, et c'est plus loufoque, une taie d'oreiller. Elle consomme local : « C'est primordial pour réduire les émissions de gaz à effet de serre liées au transport. » Elle mange très peu de viande, car l'élevage est grand émetteur de gaz à effet de serre. Mais elle ne se veut pas végane pour autant. C'est une personne raisonnable, qui n'est pas excessive, dit-elle d'elle-même.

Sur son balcon à Asnières, Camille tente la permaculture, qu'elle enrichit de ses propres déchets organiques « compostés ». Sans succès, elle a proposé à son voisin de mutualiser l'usage d'un arrosoir. Son refus n'est pas dramatique. Chacun a le sien. Néanmoins, la mutualisation fait partie de la solution, dit-elle. Le résultat de son agriculture urbaine est en dessous de ses attentes, mais elle ne veut pas renoncer. La difficulté fait partie de la transition.

Camille essaie d'acheter d'occasion quand cela est possible, revend ses biens inutiles sur des sites Internet. Elle pratique aussi le troc, notamment pour ses vêtements. Elle rêve d'un monde de gratuité et d'échange. Un monde où il n'y aurait plus de client, mais des usagers pour les services publics et des échangeurs pour la consommation.

Camille tient à ne pas gaspiller d'eau. Elle pose d'ailleurs cet impératif à égalité avec la baisse des émissions de CO_2 ou l'indépendance vis-à-vis des marques. C'est ainsi qu'elle a renoncé à prendre une douche tous les jours. Après une courte période d'adaptation, elle a observé que sa peau avait retrouvé un nouvel équilibre. Au début, les mauvaises bactéries avaient pris le dessus et elle sentait mauvais. C'était l'effet d'une accoutumance de son corps aux détergents et autres cosmétiques. Aujourd'hui, avec une courte douche par semaine, sans savon, elle estime sentir « l'humain », c'est-à-dire, dit-elle avec assurance, « pas grand-chose ». Et pour ne pas gaspiller l'eau qu'elle fait couler avant d'atteindre la bonne température, Camille met un sceau sous le robinet et la récupère. Elle s'en sert ensuite pour faire une chasse d'eau ou pour arroser les plantes. Évidemment, pour les petits besoins, la consigne est de ne pas tirer la chasse à chaque fois. Camille estime que ses économies d'eau s'élèvent à 3 litres par jour, 1 tonne par an.

En ce qui concerne les transports, Camille n'a évidemment pas de voiture, ni de permis de conduire, d'ailleurs. Elle utilise les transports en commun ou le vélo. Pour éviter le plus possible de prendre l'avion, elle privilégie, pour les vacances, des destinations accessibles en train. Elle sillonne les chemins français de grande randonnée.

Le week-end, c'est *upcycling*. Camille travaille sur la fabrication de poufs à partir de vieux pneus usés, de bois et de corde. Elle a déjà réalisé des meubles de salon avec des caisses à vin, des vêtements à partir de napperons, nappes, rideaux, et autres tissus abîmés, du shampooing solide ou encore des éponges avec des vieux collants. Elle a pris l'habitude de confectionner les cadeaux qu'elle offre.

Dans la famille des renoncements de Camille, il faut aussi compter le rejet assumé de toutes les fêtes qu'elle qualifie de « commerciales ». Elles n'ont pas d'autres objets que d'inciter à la consommation. Plus de fête des mères, plus de Saint-Valentin, et même, depuis peu, plus de Noël. La planète le vaut bien.

Le mode de vie de Camille est un modèle pour la décroissance. Quand elle était étudiante, elle fréquentait le Forum des Halles. Elle dépensait beaucoup pour s'habiller et sortir. Sa mère, qui faisait le nécessaire quand son compte en banque était « dans le rouge », l'appelait affectueusement « ma cigale ». Avec le réchauffement climatique, la cigale a arrêté de chanter. Elle est devenue... fourmi. Le cumul de renoncements et de débrouille a fait baisser sa consommation de près de la moitié. Du coup, elle épargne davantage. Le livret A de Camille déborde et son banquier la courtise. Elle cherche à déménager dans Paris, dans le XVIIIe arrondissement. Elle réduira ses trajets pour le boulot et se rapprochera des amis et des cinémas qu'elle adore.

En région parisienne, on produit peu d'appartements neufs, c'est un autre aspect du renoncement que nous analyserons plus tard. Le marché est donc tendu. Et la décroissance économique globale, qui maintient les taux d'intérêt bas, permet le recours massif à l'endettement pour la classe moyenne. Avec ce cumul d'apport et de dette, les renoncements de Camille viendront donc nourrir l'inflation immobilière dans l'ancien, plutôt que le PIB. C'est ainsi que ce surcroît d'épargne, que la décroissance produit dans un premier temps, s'échappera du circuit économique productif. Au lieu de financer la consommation ou l'investissement, la surépargne de Camille finira dans la trappe de la spéculation immobilière, et accroîtra au passage les inégalités sociales en faisant monter les prix. Mais de cela, Camille n'a pas conscience. Pour elle, les inégalités, ce sont les multinationales, le libéralisme et le réchauffement climatique. Elle ne conçoit pas que ses renoncements puissent nourrir la pauvreté et les inégalités.

Au fond, que faut-il dire de Camille ? Tout d'abord, saluer son engagement. Il est sincère. Elle est clairement du côté de l'écologie de l'action. Elle se démarque de tous ceux qui parlent sans rien faire. Toutefois, deux commentaires me viennent à l'esprit. Le premier est le caractère dérisoire de l'impact réel sur le réchauffement climatique. Les petits renoncements d'Occidentaux avisés auront peu d'impact, sauf s'ils se massifient, de façon plus organisée, pour se concentrer, sans s'éparpiller, sur le sujet majeur de l'empreinte carbone des biens consommés, notamment importés. C'est le seul moyen d'avoir une influence sur les gigantesques émissions étrangères du charbon et des hydrocarbures. Le deuxième, c'est l'effet dévastateur sur l'économie des restrictions de consommation. En abandonnant la consommation, on appauvrit tout le monde. Mais surtout, on renonce au pouvoir de mieux consommer, et donc à l'influence que l'on peut avoir sur l'économie mondialisée qui nous entoure. L'isolement et la sobriété ne sont pas des solutions. Le consommateur doit au contraire entrer dans l'arène pour exiger son droit et son envie de mieux consommer.

Il ne faut pas compter que sur les petits renoncements de Camille. Il faut parler des grands renoncements. Des renoncements collectifs, qui ralentissent ou empêchent les projets publics ou privés, traditionnels moteurs de notre croissance économique.

La liste des grands projets abandonnés, repoussés ou ralentis donne le vertige. Il y a bien sûr les projets aéroportuaires comme le nouveau terminal de Roissy ou l'aéroport de Notre-Dame-des-Landes. Tant que l'avion ne trouvera pas de solution bas carbone, ces projets susciteront une hostilité dont on peut comprendre les ressorts. Notre monde n'a pas d'autre choix que de lutter ardemment contre les émissions de gaz à effet de serre ; les symboles comptent.

Sur le même thème, il n'est plus question aujourd'hui de construire des autoroutes ou des rocades, même quand celles-ci viennent éviter des bouchons dont on connaît les effets sur la pollution ou désenclaver un territoire appauvri par son éloignement.

Les derniers grands projets autoroutiers sont ceux qui ont échappé de justesse au renoncement. C'est ainsi que les 24 kilomètres du «grand contournement ouest» (GCO) de Strasbourg ont failli connaître le sort de Notre-Dame-des-Landes. Le projet qui permet d'éviter une pollution considérable liée au passage de 14 000 camions par jour dans la ville a fait l'objet de multiples critiques depuis trente ans. Notamment de la part des écologistes. Malgré les 1 300 hectares de mesures compensatoires en reboisement, création de zone humide ou protection du grand hamster d'Alsace, Vinci s'est fait accuser de *green washing*. Pendant près de vingt ans, l'association «GCO non merci» a bataillé devant les tribunaux contre le projet, causant un retard et des surcoûts considérables. Le site a même eu son occupation, avec une Zad («zone à défendre»), que la force publique a mis quatre ans à évacuer.

Mais il y a encore plus étonnant. Le registre des renoncements ou des lenteurs mortifères compte de nombreux projets d'infrastructures que d'aucuns auraient pu croire directement favorables au climat.

C'est ainsi que notre équipement en liaison ferroviaire à grande vitesse a lui aussi été mis sous l'éteignoir. La liaison TGV entre Montpellier et Perpignan en a fait les frais. Sur ces 150 kilomètres sans arrêt, le fier TGV qui relie Paris à Barcelone roule à la vitesse des trains à vapeur, à moins de 80 km/h. Il est même menacé par la montée des eaux. C'est ainsi que Barcelone est aujourd'hui à six heures et demie de Paris, quand le train arrive à l'heure. De ce fait, le TGV le plus rapide roule en moyenne à seulement 128 km/h pour parcourir les 831 kilomètres en question. Vu ce temps de trajet, beaucoup préfèrent l'avion ou la voiture… quoi qu'il en coûte en émission carbone. Il existe bien un projet, mais il a été lancé il y a trente ans. Malgré le petit coup de pouce récent du Premier ministre Jean Castex, rien ne sera livré avant 2030 pour les 50 kilomètres de la phase 1, puis, il faudra attendre 2040 pour le gros segment de 100 kilomètres. En bref, il aura fallu cinquante ans pour un Paris-Barcelone à grande vitesse bas carbone. À l'heure de l'urgence climatique, c'est long.

D'ailleurs, tous les plans d'équipement de lignes à grande vitesse qui jadis faisaient la fierté de notre initiative publique sont soit abandonnés, soit embourbés. Toulouse ou Nice mériteraient une liaison ferroviaire TGV de qualité pour remplacer le ballet ininterrompu des avions de ligne. De même, le ferroutage, une solution pour diminuer le trafic des poids lourds dans les Alpes, ne cesse de prendre du retard. Le flux de camions dans la vallée de l'Arve ou sur le col de Fréjus (1,4 million de passages) connaît une croissance ininterrompue.

À la complexité administrative que je dénonçais dans un livre, *Plus vite! La France malade de son temps* (Grasset, 2012), s'ajoutent, aujourd'hui, les petits sabotages de toutes sortes de lobbies locaux, notamment la pression d'officines écologistes ou d'associations de riverains qui militent contre ces équipements, au motif de la défense de l'environnement, ou même, plus ouvertement de nos jours, de l'impératif de décroissance. Le pouvoir politique se fait alors tout petit, car il ne sait plus se défendre contre cet ennemi multiforme. Mais surtout, pris au piège d'une hypercomplexité administrative, nos élus se sont laissés embourber dans le temps excessif de réalisation de ces projets. Ceux-ci sont désormais totalement déconnectés des calendriers politiques. Il n'y a plus de bénéfice politique pour un élu à lancer des infrastructures sur des délais de réalisation aussi long. Au contraire, le projet, dans sa phase « amont », ne peut que cristalliser les oppositions tandis que les bénéficiaires ne se font pas entendre, compte tenu des délais considérables envisagés. À ces prévisions de délais très longs s'ajoutent les retards, si prévisibles qu'ils finissent par nourrir le doute chez les plus convaincus. L'imprévisibilité est un corollaire de notre complexité administrative. C'est ce que je décrivais comme le temps « abandonné », une spécialité de ce monde occidental qui perd confiance en lui, en même temps qu'il ne croit plus au progrès.

Au début du siècle dernier, Fulgence Bienvenüe a réalisé les trois premières lignes du métro de Paris en cinq ans. À notre époque moderne, malgré l'efficacité technologique de nos tunneliers, trente ans et plus de six mandats présidentiels seront nécessaires pour réaliser le réseau du Grand Paris Express. C'est pourtant un outil majeur de la ville bas carbone.

Le renoncement au nucléaire participe de la même veine. Malgré les défauts qu'on lui connaît, cette source d'énergie apparaît d'une impérieuse nécessité dans le contexte d'urgence climatique que nous connaissons. Parmi toutes les solutions, et si l'on prend en compte toute l'empreinte carbone, c'est le nucléaire qui permet de produire le kilowatt-heure (kWh) le moins émetteur de CO_2. Personne ne le conteste, pas même les écologistes du canal historique. D'après l'Ademe, le nucléaire, ce sont 6 gCO_2e par kilowatt-heure produit, contre 10 grammes pour l'éolien ou l'hydroélectricité, 38 grammes pour la géothermie, 443 grammes pour le gaz, 778 grammes pour le pétrole et 1 058 grammes pour le charbon. Avec la disparition des hydrocarbures, l'électrification des automobiles et du chauffage, nous aurons besoin de plus en plus d'électricité. Le nucléaire est là, nous en maîtrisons la technologie et la sécurité depuis des dizaines d'années, mieux que beaucoup de pays. Ajoutons également que son coût est abordable, sa production pilotable et que les déchets nucléaires à vie longue que l'on redoute tant ne représentent que 10 grammes par Français et par an à comparer aux 2,2 tonnes de déchets ménagers et aux 200 kilos de déchets industriels dangereux, selon l'Ademe (2016).

Pourtant, il est aujourd'hui manifeste que notre nucléaire subit les effets d'une série ininterrompue de renoncements. À l'heure où se présente une explosion de la demande d'électricité, notre production nucléaire qui était de 417 TWh (térawatts-heure) en 2015 n'est plus que de 335 TWh en 2020. Dès 2013, François Hollande engage le démantèlement des centrales anciennes, sans prévoir leur remplacement. La loi sur la transition énergétique adoptée en 2015 fixe un objectif de 50 % de la part du nucléaire dans le mix énergétique en 2025, et 30 % en 2030 (nous sommes encore à 67 % aujourd'hui). En novembre 2018, Emmanuel Macron confirme que la fermeture de Fessenheim, décrétée en 2017, sera effective en 2020 alors que sa fin de vie était prévue pour 2041. En 2019, la loi de programmation pluriannuelle prévoit la fermeture de douze réacteurs supplémentaires. En janvier 2020, ce chiffre est porté à quatorze réacteurs… d'ici à 2035. On se cale sur les dates anniversaire de quarante ou cinquante ans d'exploitation, au-delà desquels la machine deviendrait « dangereuse », selon le WWF ou Jean-Luc Mélenchon. Après ces dates butoirs, « on ne sait plus », « on rentre dans l'inconnu », nous prédisent-ils, au nom du principe de précaution. Ces chiffres correspondent en fait à l'amortissement comptable initial des constructions, et à la durée de vie minimale contractuelle exigée lors des constructions. Certainement pas à un maximum. En fait, rien ne semble limiter vraiment la durée de vie d'une centrale à quarante ou cinquante ans si elle est maintenue correctement. En France, la visite décennale et l'exigence de conformité continue conduisent au remplacement progressif des éléments vieillissants. Le seul sujet critique, c'est la cuve du réacteur, qu'on ne peut pas changer facilement. Mais en France, il n'y a pas vraiment de signe inquiétant de dégradation des cuves à ce stade. Le sujet est ultra-surveillé.

Même si le président Macron a semblé faire un nouveau pas vers le nucléaire en évoquant fin 2021 de nouvelles centrales à horizon 2035, le résultat de ces années de renoncement se fait d'ores et déjà ressentir. On traîne sur l'EPR de Flamanville qui, prenant du retard, coûte de plus en plus cher. On perd en maîtrise technologique, en innovation. Les jeunes talents et les start-up désertent une filière qu'on leur annonce comme condamnée. La construction de nouvelles centrales, autrefois réalisée en cinq ans, prendrait dix ans ou plus compte tenu de la disparition des entreprises, du savoir-faire, mais aussi de la complexité administrative et des injonctions maximalistes de Agence pour la sûreté nucléaire (ASN), créée en 2006.

Puis le 6 janvier 2022, c'est le coup de bambou. Le ministère de l'Environnement prend un décret pour mobiliser nos deux dernières centrales à charbon pendant quarante-deux jours. Celles de Cordemais et de Saint-Avold. Oui, ces deux centrales à charbon qui produisent un kilowatt-heure soixante-dix fois plus émetteur de CO_2 qu'une centrale nucléaire, et qu'Emmanuel Macron avait promis de fermer en 2017, vont tourner à plein régime au crépuscule de son mandat. Un pied-de-nez à notre bilan carbone et en même temps le symbole de nos errances. C'est la faute aux douze réacteurs nucléaires sur cinquante-six à l'arrêt pour des opérations de maintenance mal programmées ou pour des difficultés techniques. La faute aussi à l'absence de vent pour faire tourner les éoliennes et, surtout, la faute à la fermeture de Fessenheim. La centrale au charbon de Cordemais a une puissance de 1 200 MW. Celle de Saint-Avold, 600 MW. Fessenheim, fermée il y a deux ans, vingt ans avant l'échéance, représentait 1 760 MW. Une coïncidence de chiffres que relève utilement Valérie Faudon, X-Ponts-Stanford, enseignante à Sciences Po.

Dans ce contexte confus, on comprendra qu'EDF ne sache plus sur quel pied danser entre la fierté légitime (mais coupable) d'une réussite inouïe (quoique menacée) dans la production électrique décarbonée, et les injonctions des ministres qui veulent donner des gages aux Verts antinucléaires, sans toutefois assumer le risque politique des coupures de courant ou des hausses de tarif. À l'image de la SNCF qui vante le bilan carbone très faible des trajets en train, EDF pourrait couvrir la France de publicités pour expliquer pourquoi elle propose une énergie propre, celle d'un monde sans CO_2. Mais cela ne peut se faire. Le sujet est trop clivant. EDF cache son nucléaire et préfère parler des éoliennes.

Il reste un espoir dans notre brouhaha. Récemment, quelques militants écologistes éclairés semblent évoluer sur la question nucléaire. Mais quand ils se font entendre, ils sont rapidement exclus, considérés comme « infiltrés » ou « influencés » par les capitalistes du secteur. Tout est en fait une question de séquence. Le mouvement écologiste s'est construit d'abord et avant tout sur la contestation du nucléaire. C'était bien avant que le réchauffement climatique ne devienne un sujet. Tolérer le nucléaire, ne serait-ce que pour le temps nécessaire à la découverte de nouvelles solutions, ce serait en quelque sorte renoncer à son propre ADN pour beaucoup d'écologistes engagés.

Le renoncement à l'urbanisme fait lui aussi recette. Il comprend divers volets qui se combinent pour aboutir à limiter les constructions nouvelles, de toutes sortes. Dans le domaine de la promotion immobilière aussi, et malgré d'immenses besoins de renouvellement et d'extension du parc immobilier, l'heure est à la décroissance.

Le premier sujet est celui de l'artificialisation des sols. Né de la convergence des luttes entre agriculteurs et écologistes (une fois n'est pas coutume), le souci légitime de limiter l'extension des villes gagne en influence et prend une tournure absolutiste. D'une logique de compensation, d'équilibre et d'exception pour les projets d'intérêt général, on s'achemine progressivement vers une interdiction générale et systématique de conquête sur la moindre parcelle agricole ou forestière. L'interdiction de nouveaux centres commerciaux de plus de 10 000 m^2 votée dans la loi Climat de 2021 fait partie de cette logique. Cette mesure spectaculaire, imposée aux territoires par la France d'en haut, est digne des régimes les plus autoritaires. Peu importe l'enjeu local, la nécessité économique ou l'impact écologique du sujet : c'est « non ». Certains projets de qualité que j'ai portés, dans une vie antérieure, ont permis de limiter des déplacements, de fermer de vieux équipements commerciaux énergivores. Les quelques hectares de champs mobilisés par les nouvelles constructions étaient plus que compensés par telle friche industrielle ou commerciale rendue intelligemment à la forêt, aux espaces verts ou à l'agriculture. En « net », il n'y avait aucune artificialisation. J'assume ces projets de développement écologique, économique et architectural. Un « non » leur serait désormais systématiquement opposé, de façon aveugle, sans évaluation de leur pertinence… Ce « non » va geler les évolutions du commerce et ralentir la transition écologique. Et le sujet, c'est bien le systématisme. D'une logique de contrainte pragmatique qui peut être très forte (« D'accord, mais à condition de respecter l'écologie, de réduire l'empreinte carbone, de compenser les émissions… »), le pouvoir politique passe à une logique d'interdiction absolue, de renoncement, de stérilisation des territoires et donc de décroissance.

Ce n'est pas un hasard si la mesure d'interdiction absolue frappe les centres commerciaux en premier, symboles de la société de consommation d'hier que les « objecteurs de croissance » veulent détruire. Signe d'ailleurs que l'on s'attaque plus à un symbole qu'à une réalité objective, la mesure tombe à un moment où l'on ne construit presque plus de grands centres commerciaux, et encore moins à la campagne. Ce qui se construit en ce moment dans les champs, aux abords des villes, ce sont des maisons individuelles « en bande », quelques zones d'activité commerciales (à ne pas confondre avec des centres commerciaux) et surtout d'immenses entrepôts logistiques, notamment ceux du e-commerce. Le seul Amazon entrevoit la construction de plus de dix méga-plateformes par an, en France, pour les années qui viennent. D'un souci architectural modeste, ces projets participent activement à la défiguration de la France, à la destruction du petit commerce, à la disparition d'emplois et à l'inflation des émissions de CO_2 du fait des multiples rotations de camions et camionnettes à moteur thermique. La loi Climat va permettre à Amazon de continuer d'artificialiser les terres de France et de polluer à grande échelle, tandis que le vieux centre commercial sera immobilisé au rebut, sans possibilité de reconquête. Pourtant, le centre commercial, avec l'intensité de son activité, le regroupement de multiples enseignes, cinémas, restaurants, sur une seule destination, ne nécessitant qu'un seul déplacement, est l'exemple type d'une distribution vertueuse, c'est-à-dire compacte, sobre en espace et pouvant être facilement connectée aux transports en commun. Mais voilà : la capitalisation boursière d'Amazon représente 170 fois celle du numéro un européen des centres commerciaux, « Unibail », qui se trouve être français et que j'ai eu la chance de diriger pendant huit ans. « Selon que vous serez puissant ou misérable, les jugements de cour vous rendront blanc ou noir », écrivait La Fontaine dans « Les animaux malades de la peste ».

Sans prétendre à de grandes qualifications en matière d'urbanisme, le lecteur arrivera vite à la conclusion que si on renonce à artificialiser les sols dans les campagnes, il faut probablement réfléchir à densifier les villes. Le besoin de mètres carrés augmente dans le pays. Cela a d'ailleurs peu de choses à voir avec la croissance économique. Notre population augmente avec l'allongement de la durée de vie, l'immigration et une natalité qui tient le coup. Les familles monoparentales, les divorces et l'allongement des études accroissent aussi la demande de mètres carrés par individu, puisque de plus en plus d'entre nous ont plusieurs chambres. Enfin, l'amélioration des conditions de vie pousse naturellement à rechercher des surfaces plus grandes, plus confortables, voire des résidences secondaires.

À cette demande en forte croissance, nous répondons par le contingentement de l'offre. L'influence des « décroissantistes » de tous bords politiques coupe l'herbe sous le pied des maires les plus bâtisseurs. Les projets urbains se rétrécissent. Ceux qui sont en cours, pourtant conformes au plan local d'urbanisme (PLU), voient leurs volumes diminuer après les longs exercices de concertation et d'enquêtes publiques, ou parfois au terme de négociations avec les ultras qui contestent les autorisations devant les tribunaux. Les projets qui devaient naître ne naissent pas ou sont repoussés aux calendes grecques. Parmi les opposants à la densification urbaine, on trouve de tout : le retraité que les travaux dérangent, le jeune cadre qui craint pour la vue de sa salle de bains, l'altermondialiste qui en a assez du béton, l'opposant politique qui en veut au maire, le voisin habile qui voit l'occasion de monnayer son opposition contre une belle indemnité… Consciemment, ou sans le savoir, tous jouent les gammes du « décroissantisme ».

Le « décroissantisme » finit même par influencer le sens des mots. Il y va du terme « pharaonique ». Autrefois, quand la France avait confiance en elle, « pharaonique » signifiait simplement « gigantesque ». Ce laudatif exprimait volontiers la fierté collective ressentie devant la perspective d'une œuvre majeure. Et c'est ainsi que, sans nous en rendre compte, nous vivons entourés de projets pharaoniques : Notre-Dame de Paris, le château de Versailles, la tour Eiffel, le musée du Louvre, la gare du Nord, les Halles, le Stade de France, le parc des expositions de la porte de Versailles, les lignes TGV, Roissy, La Défense, Euralille, Lyon Confluence, Euratlantique à Bordeaux, Euroméditerranée à

Marseille, les tunnels du Mont-Blanc et sous la Manche, et même le magnifique pont autoroutier de Millau.

Mais avec le temps, le mot « pharaonique » a changé de sens. Désormais, il ne signifie plus que « démesuré ». Il a perdu son laudatif, il ne lui reste que son péjoratif. « Un projet pharaonique » est généralement aujourd'hui un projet « du siècle dernier ». Et plutôt que d'exiger que le projet « pharaonique » s'inscrive dans le siècle du bas carbone qui s'annonce, qu'il se soumette à l'impératif écologique, on s'y oppose, purement et simplement. On l'interdit. On l'empêche. Il n'y a aucune réserve, aucune condition à exprimer. À la place du projet « pharaonique », on propose généralement… « rien du tout ». Le *statu quo* serait donc ce que nous aurions de plus écologique à nous mettre sous la dent.

Le cimetière des projets « pharaoniques » abandonnés ou sérieusement menacés mériterait d'être transformé en musée. Il y a de belles maquettes à admirer. La tour Phare de Thom Mayne à La Défense, l'extension du Grand Palais, le projet Mille Arbres à la porte Maillot, le Center Parc de Roybon, les centres commerciaux Val Tolosa ou Europacity, l'extension de Port-la-Nouvelle à Narbonne et, très récemment, le projet de rénovation et d'agrandissement de la gare du Nord. Ce projet de l'architecte Denis Valode a fait les frais des associations de riverains et d'élus qui dénonçaient « un projet pharaonique gigantesque et daté», «qui faisait la part belle au privé au détriment des besoins des usagers». Le nouveau centre commercial, qui devait être accolé à la halle historique Jacques Ignace-Hittorff était jugé démesuré, pour un quartier déjà dense, et surtout inadapté aux enjeux écologiques actuels. Et pourtant, les passagers qui traversent la gare du Nord chaque jour savent à quel point la rénovation de la gare est indispensable.

Il faut bien se rendre compte du pays dans lequel nous vivons. Presque aucun des grands projets d'équipement que nous utilisons chaque jour ne pourrait aujourd'hui être réalisé, qu'il soit ou non favorable à la planète. Malgré l'intérêt général, on ne pourrait refaire ni l'aéroport de Roissy, ni la gare de Chatelet-les Halles, ni la Grande Bibliothèque, ni même la tour Eiffel et encore moins la gare du Nord ou l'Opéra de Paris! Trop de complexité administrative, trop de recours à la justice, trop d'opposition... mais surtout, une tonalité ambiante qui est passée de l'ambition au renoncement. De la fierté au doute. Le personnel politique et les journalistes ne sont que le reflet de cette appétence nouvelle pour la décroissance.

Cette tentation du renoncement ne prospère pas seulement sur le terreau du souci environnemental. Un autre impératif collectif s'ajoute: celui de la défense du patrimoine. Je préviens d'emblée le lecteur que j'aime le patrimoine vernaculaire: les petites églises romanes, les lavoirs et les moulins de la France « des territoires ». C'est celle dont je suis issu. C'est la raison pour laquelle j'ai accepté de présider la Fondation du patrimoine. Avec neuf cents bénévoles et soixante-dix salariés, nous intervenons partout en France pour sauver des milliers de bâtiments remarquables menacés de péril. Récemment, nous avons mis en place le fameux Loto du patrimoine avec le formidable Stéphane Bern, ou encore la collecte pour la reconstruction de Notre-Dame de Paris.

À titre d'avertissement, et pour motiver la vague d'indignation que provoqueront les lignes qui vont venir, je confesse que j'exerce la profession de promoteur immobilier. Construisant en bois, on me range rarement dans le camp des « bétonneurs ». Mais à l'heure des raccourcis et des anathèmes, mon métier à lui seul peut inspirer le soupçon. Aussi bien auprès de certains écologistes que chez les ultras de la défense du patrimoine. Je suis un promoteur, passionné depuis trente ans par l'architecture… moderne. Et pour tout dire, je n'ai jamais trouvé dans l'exercice de mon métier de source de conflit avec aucun de mes deux autres engagements que sont l'écologie et le patrimoine. Ces avertissements étant posés, voici mon propos.

Jusqu'à un passé récent, il existait dans notre pays un consensus suivant lequel la défense du patrimoine devait s'exercer de façon sélective, avec raison et bon sens. En matière d'urbanisme, on faisait le tri : d'un côté ce qui devait être protégé et transmis, et de l'autre ce qui pouvait faire l'objet de réaménagement ou de destruction-reconstruction. Depuis Prosper Mérimée, le père de la défense du patrimoine, on procède ainsi. De là, les classements de monuments, et l'avis des architectes des Bâtiments de France sur les projets autour des sites classés. Le résultat est que la France dispose d'un nombre considérable de bâtiments protégés et il faut s'en féliciter. Elle compte parmi les pays où la protection légale du patrimoine est la plus avancée. Ce n'est pas pour autant qu'elle entretient et conserve correctement ces merveilles. Beaucoup d'édifices sont en péril. Mais soyons clairs, la promotion immobilière n'est pas ce qui les menace le plus. La menace, c'est l'indifférence, l'oubli et l'affaissement des budgets d'entretien des bâtiments existants. Des toitures s'effondrent, des charpentes sont menacées par la mérule, des petits théâtres ou des maisons d'illustres sont fermés depuis vingt ans… Le dramatique incendie de la charpente de Notre-Dame a frappé les esprits. Pourtant il ne représente qu'un événement parmi tant d'autres pour qui veut bien ouvrir les yeux sur l'état de tous ces édifices qui souffrent de notre négligence.

Mais tout ce qui est ancien ne pourra pas être sauvé au seul motif de l'âge. Faire le choix difficile entre ce que l'on veut conserver et ce que l'on peut détruire est une œuvre de salut public. Tout d'abord, notre pays ne dispose pas des ressources pour tout conserver. La Fondation du patrimoine est un grand hôpital qui reçoit chaque année plus de 800 bâtiments en péril. Elle monte des souscriptions, recherche des mécénats, fédère des bénévoles pour venir au secours de ces sites. L'enjeu de la protection des bâtiments « à intérêt patrimonial » est tel que la fondation manque de moyens pour sauver ce qu'elle estime relever de sa mission. Si on devait s'intéresser à tous les bâtiments qui ont plus de quatre-vingts ans, sans distinction, ce serait à l'évidence au détriment des éléments les plus intéressants sur le plan architectural et historique. Il faut donc se concentrer sur ce qui mérite protection, par la qualité des ouvrages, des proportions, par la rareté aussi, ou même à cause du symbole ou encore de l'usage qu'on pourra y retrouver. Il y a déjà suffisamment à faire sur ce terrain-là.

De l'autre côté, en imposant que rien de ce qui pourrait paraître ancien ne disparaisse, on stérilise le vivier urbain. L'architecture ne peut plus s'exprimer. La ville ne peut plus répondre aux défis de son temps. Elle devient une ville-musée, incapable de s'adapter aux enjeux modernes. Et ce faisant, on vient rompre avec ce passé que l'on veut glorifier. Il faut comprendre que la plupart des monuments que nous admirons aujourd'hui, je pense au Louvre ou à Notre-Dame, mais également aux magnifiques avenues parisiennes du baron Haussmann, ont été construits sur d'anciens édifices. La ville s'est bâtie sur elle-même, depuis des siècles. Et cette métamorphose ininterrompue produit finalement un cocktail de beauté où le meilleur de chaque époque, à l'échelle d'un bâtiment, d'une rue ou d'un quartier, cohabite pour constituer notre héritage patrimonial.

Avec le « décroissantisme » moderne, cet équilibre précaire entre ce qui mérite protection et ce qui peut servir d'appui à une nouvelle architecture disparaît. Il faut tout conserver, tout stériliser. La simple idée de la déconstruction devient une abomination, une agression, un crime. C'est une atteinte à notre intégrité culturelle, que l'on ressent dans notre chair d'autant plus violemment qu'on ne voit plus franchement l'intérêt de construire. Tout ce qui peut ressembler à de la modernité fait peur. Les œuvres de nos grands architectes, pourtant distingués par le fameux prix Pritzker (le « prix Nobel de l'architecture »), comme Christian de Portzamparc ou Jean Nouvel, sont à jeter à la fosse. Au-delà de l'architecture, les questions mêmes d'utilité collective ou de nécessité ne sont même plus évaluées. On ne pèse plus le pour et le contre. On est contre tout projet nouveau. La ville ne doit plus bouger. Par principe, par posture. Parce que le progrès n'intéresse plus le boomer. Comprenons, les effectifs de cette génération sont aujourd'hui largement retraités. Enfermé dans son appartement toute la journée, le boomer ne supporte plus les nuisances du chantier d'à côté.

C'est dans ce cadre qu'on voit s'agiter sur Internet et dans les journaux des personnalités qui se dressent contre telle ou telle ambition d'urbanisme, au motif de défendre notre patrimoine. Ils viennent en renfort de groupuscules montés en associations, dont la seule posture est la « colère ». Cela marche bien sur les réseaux sociaux ; on caricature, on invective, on insulte, on prend à partie les élus. Sur la toile, les gens qui ne sont pas en colère ont beaucoup moins de succès que les autres. Je me souviens de la levée de boucliers médiatiques puis judiciaires contre le magnifique immeuble en verre finalement réalisé rue de Rivoli dans le cadre de la nouvelle Samaritaine du groupe LVMH. Il y avait là un immeuble de type néo-haussmannien sans intérêt particulier, dont plus personne ne se souvient. L'œuvre architecturale contemporaine de l'agence Sanaa (des Japonais Sejima et Nishizawa) est désormais achevée. La pureté des lignes et la magnifique intégration dans la perspective ne manifestent aucune des soi-disant « dissonances » au motif desquelles on a encombré les tribunaux pendant des années, ralentissant d'autant la réouverture de la Samaritaine. Pourtant, la dimension « préservation » du projet Samaritaine est considérable. Les quatre cinquièmes de l'îlot ont en effet été restaurés à l'identique, avec un soin exceptionnel, dans le plus grand respect du patrimoine et des métiers d'art. On redécouvre aujourd'hui les magnifiques verrières, les mosaïques, les façades qui ont fait un grand effet à la Belle Époque. Cette œuvre de l'architecte Frantz Jourdain, père de l'Art Nouveau, qui avait d'ailleurs elle-même fait polémique au début du siècle dernier.

Il s'en est fallu de peu pour que ce projet privé de rénovation et de création architecturale ne voie pas le jour. Il a réussi à s'échapper des mâchoires acérées de la machine à broyer les projets « pharaoniques ». L'entêtement du chef d'entreprise Bernard Arnault a fini par vaincre les pesanteurs administratives et judiciaires pour métamorphoser de façon magistrale le vieil équipement commercial. Mais il lui aura fallu tenir plus de vingt ans ! Le temps d'une génération pour que cette gigantesque friche immobilière, économique, fiscale et sociale en plein cœur de Paris rouvre ses portes au public. Qui d'autre aurait pu réussir ?

J'attends toujours que les prétendus amoureux du patrimoine, qui ont bataillé bec et ongles contre le projet de la Samaritaine, s'offrent une visite et reconnaissent un des plus beaux projets de réhabilitation du patrimoine et d'architecture moderne que Paris ait connu depuis bien longtemps.

À Lille, la destruction d'une chapelle de la fin du XIXe siècle, la chapelle Saint-Joseph, m'inspire le même sentiment. Toute cette énergie déployée pour empêcher la destruction d'un bâtiment qui avait bien peu de distinction, hormis son âge, ressemble à un gâchis. Certes, je peux comprendre l'attachement des voisins à leur passé ou l'affection que l'on peut avoir pour un ancien lieu de culte, même s'il est abandonné depuis belle lurette. Mais je n'adhère pas à l'impératif de protéger à tout prix les édifices dénués d'intérêt. Et j'imagine que la Direction régionale de l'action culturelle (Drac) et les urbanistes de la ville n'ont pas agi dans la précipitation. Je sais combien le pour et le contre d'une telle destruction sont minutieusement pesés dans ces situations, parfois au prix de délais et de circonvolutions considérables. À la place de cette chapelle, il y aura une école d'ingénieur, probablement nécessaire et utile à la ville. Les quelques éléments jugés remarquables de l'édifice détruit seront déplacés, et un autre bâtiment d'intérêt patrimonial sera, lui, réhabilité. Les solutions existent.

Interpellé régulièrement pour rejoindre le camp des opposants enragés à telle ou telle destruction, le plus souvent je m'abstiens. Connaissant les architectes des Bâtiments de France, je sais qu'ils ne manquent pas de prudence dans l'examen des dossiers. Mais surtout, je propose volontiers aux militants en colère de quitter le côté obscur de la force, d'abandonner les postures, les insultes et les réseaux sociaux, et de se mettre au travail avec nous. Plutôt que de s'épuiser à congeler tel ou tel édifice de peu d'intérêt et sans avenir, ils feraient mieux de venir nous aider à sauver les milliers de véritables merveilles architecturales actuellement en péril partout dans le pays. La Fondation du patrimoine permet la réouverture de petits théâtres en province, la restauration de chapelles, la réhabilitation de maisons d'illustres. Tout un travail de fourmi, discret, sans « coup de gueule », réalisé dans les profondeurs du pays, avec l'appui de personnalités remarquables comme Stéphane Bern et le soutien de nombreux mécènes et donateurs. Et le plus souvent, la fondation aide à retrouver un usage. La meilleure manière de protéger un bâtiment, c'est de l'aider à redevenir « utile », que ce soit à titre privé ou à titre public. Il ne suffit pas d'interdire ou de protester. Il faut proposer, trouver des solutions. La défense du patrimoine, pour être efficace, doit éviter la posture de l'indignation stérile. Elle ne peut ignorer les nécessités urbaines, sociales ou économiques. Elle doit composer avec les éléments de notre société pour gagner en influence, en efficacité, en moyens, et passer utilement à l'action.

En matière de patrimoine, il faut compter aussi avec le patrimoine naturel. Sur ce terrain-là aussi s'affrontent les écologistes ultras, qui veulent tout protéger quitte à interdire toute activité aux abords ou dans les milieux naturels, et les pragmatiques qui conçoivent des niveaux de protection différenciés, n'excluant pas une présence raisonnée et respectueuse de l'homme dans la nature. Je fais partie de la seconde catégorie. Je suis persuadé que la mise sous cloche de tous les univers naturels ne peut qu'accroître le nombre des anti-écologistes et affaiblir la cause. Imaginons le nombre de chômeurs à la montagne si on y interdisait le ski alpin, ou sur la côte si la plaisance était prohibée. Dans le même temps, je milite pour que des zones entières de la planète fassent l'objet d'une préservation totale et qu'on leur épargne la gourmandise de mes collègues promoteurs immobiliers. Je suis favorable à la multiplication des réserves intégrales de pêche sur le littoral, et à la protection ciblée de grandes forêts primaires ou aux peuplements exceptionnels.

Aller au-delà et tout interdire, c'est faire le jeu de la décroissance. La sacralisation de la forêt, par exemple, est un des grands thèmes de ces ultra-écologistes. Elle participe elle aussi à la logique décroissantiste. Évidemment, tous les efforts doivent être engagés pour lutter contre la déforestation. Mais certains veulent interdire toute exploitation forestière, fût-elle respectueuse de l'environnement. Pour eux, la replantation ou la repousse naturelle ne sont pas des remèdes au crime de l'abattage. Ce sont les mêmes qui s'attachent aux arbres que nos élus sont parfois obligés de faire couper. L'idée à la mode, c'est que les arbres sont doués de sensibilité. La forêt est un lieu sacré, magique. Il faut protéger les arbres, les admirer, communiquer avec eux et surtout ne pas récolter.

J'ai dû réagir publiquement à une tribune parue dans *Le Monde* qui critiquait avec ardeur les forêts de plantation et, dans le même temps, toute l'économie forestière. Écrite par un éminent biologiste, Francis Hallé, cette tribune était symptomatique du traitement idéologique de la question de l'exploitation forestière. Un cas d'école de ce que l'on pourrait appeler le « décroissantisme sylvicole ». Ce biologiste-botaniste célèbre soutenait qu'une plantation d'arbres n'avait rien à voir avec une forêt. À la seule forêt primaire, la vraie, entendons celle où l'homme n'est jamais venu qu'en promeneur, notre scientifique reconnaît toutes les vertus.

Pour lui, une plantation, c'est un champ d'arbres, pas une forêt. Première banderille pour l'auteur : le profit. Il révèle que de gigantesques multinationales, très rentables, sont à la manœuvre. Rappelons ici que les multinationales ont généralement le premier rôle dans l'animation du côté obscur dénoncé par le bréviaire décroissantiste. Elles sont partout dans cet imaginaire. Ici, les multinationales exploitent ces plantations (attention, ce ne sont pas des « forêts ») à grand renfort de produits chimiques, fongicides et pesticides redoutables. Elles plantent des espèces exotiques et mobilisent des engins mécaniques colossaux. Tout cela se joue au détriment de la forêt naturelle.

Et ces multinationales, évidemment, complotent. Elles veulent faire croire, en achetant les médias, que planter des arbres est vertueux. En fait, ces champs d'arbres abriteraient bien moins de diversité animale et végétale qu'une forêt naturelle. Mais surtout, avec leurs « rotations rapides », les plantations seraient des sources de CO_2 au lieu d'être des puits de carbone. Tout l'inverse d'une forêt primaire, qui, n'ayant jamais connu la main coupable de l'homme, peut – elle – sauver l'univers en déployant une photosynthèse virginale et illimitée.

Bref, c'est toute la sylviculture qu'il faut mettre à la poubelle.

Tout ce raisonnement, qui consiste à faire passer Colbert, planteur de la forêt de Tronçais, et Napoléon III, créateur de la forêt des Landes, ou même nos milliers d'entreprises forestières pour des ennemis de la planète pourrait prêter à rire, s'il n'y avait pas derrière cette tribune une idéologie urbaine devenue hélas un peu virale. Cette idéologie du peuple des villes veut à tout prix sacraliser nos forêts, interdire toute coupe d'arbres, en paquet ou à l'unité, empêcher le choix des essences, les éclaircies… La forêt ne doit pas être travaillée, et c'est tout. L'homme doit passer son chemin. Il faut renoncer, c'est mieux ainsi.

Nous l'avons compris : la mode est au renoncement. Son impact sur le PIB est majeur. Au PIB trop matérialiste, on reproche de ne pas évaluer les activités non marchandes, de mal mesurer la valeur des services publics et surtout de ne pas prendre en compte le bien-être, cet indicateur devenu pourtant essentiel dans nos sociétés où l'épanouissement personnel est le maître mot.

En 1968, Robert Kennedy, candidat à l'investiture démocrate pour l'élection présidentielle américaine, posait déjà le débat : « Notre PIB [...] comprend aussi la pollution de l'air, la publicité pour les cigarettes et les courses des ambulances qui ramassent les blessés sur les routes. Il comprend la destruction de nos forêts et la destruction de la nature. Il comprend le napalm et le coût de stockage des déchets radioactifs. En revanche, le PIB ne tient pas compte de la santé de nos enfants, de la qualité de leur instruction, de la gaieté de leurs jeux, de la beauté de notre poésie ou de la solidité de nos mariages. Il ne prend pas en considération notre courage, notre intégrité, notre intelligence, notre sagesse. Il mesure tout, sauf ce qui fait que la vie vaut la peine d'être vécue. »

Le PIB ne satisfait non plus Serge Latouche qui considère que « la prise de conscience de cet écart paradoxal entre les indices de PIB par tête et le bien-être ressenti par la population se généralise[1] ».

Pour les tenants de la décroissance, ce n'est pas un problème parce que le PIB fait partie du monde du mal. C'est aussi cela, le renoncement. Les vieux paramètres eux-mêmes sont attaqués. Le PIB, cette vache sacrée derrière laquelle la droite courait avec la politique de l'offre, ou la gauche avec la politique de la demande, est simplement rangé aux oubliettes. Puisque le compteur du PIB ne sera à l'évidence pas favorable dans ce monde nouveau, cassons-le. Et mesurons à la place le « bonheur intérieur brut » (BIB), une cible bien plus accommodante. L'idée d'un « bonheur national brut » (BNB) est en réalité assez ancienne. Elle est apparue dès 1972 avec le roi du Bhoutan. L'objectif était de concilier valeurs spirituelles du bouddhisme avec la possibilité d'une croissance durable. Le projet fut officiellement présenté lors du Sommet du millénaire Asie-Pacifique

1. S. Latouche, *L'Abondance frugale comme art de vivre, op. cit.*, p. 40.

en 1998. Le bonheur national brut est calculé selon quatre critères : la croissance et le développement économique, la conservation et la promotion de la culture, la sauvegarde de l'environnement et l'utilisation durable des ressources, la bonne gouvernance responsable. L'indicateur associe la croissance traditionnelle à des notions de durabilité et de collectivité. À ce jour, le Bhoutan est classé 162e selon son PIB mais il est le seul pays à présenter un bilan carbone positif ; il absorbe plus de CO_2 qu'il n'en émet. En dehors du Bhoutan, aucun pays ne mesure son BNB.

Dans cette mouvance, l'Assemblée générale des Nations unies a tenu une première conférence sur le bonheur et le bien-être le 2 avril 2012. Elle y crée officiellement l'indice du bonheur brut accompagné d'un rapport mondial sur le bonheur. Elle décide dans la foulée de faire du 20 mars la journée internationale du bonheur. Quant à la New Economics Foundation (ONG britannique), elle établit chaque année, en croisant le résultat des enquêtes sur le sentiment de bien-être vécu, l'espérance de vie et l'empreinte écologique, un indice de félicité (Happy Planet Index). Cet indice renverse l'ordre classique des PNB par tête ainsi que celui de l'indice de développement humain (IDH). Ainsi, en 2012, arrivaient en haut du classement le Costa Rica suivi du Vietnam et de la Colombie, tandis que l'Angleterre n'arrivait qu'à la 41e position, l'Allemagne à la 46e, la France et l'Italie aux

50e et 51e positions, l'Espagne à la 62e, le Canada à la 64e, les États-Unis à la 105e et la Belgique à la 107e.

On l'aura compris, l'argent ne fait pas le bonheur. Les pays les plus riches ne sont pas ceux où l'on se déclare être les plus heureux. Mais la question ne s'en trouve pas pour autant réglée. J'attends de savoir si le retour d'une population enrichie, soignée, éduquée et protégée, à la simplicité d'existence des habitants de l'hémisphère Sud, serait source de bonheur. On aurait plutôt des raisons de croire que cet appauvrissement général créerait les conditions d'une considérable frustration. Quant à la planète, je ne suis pas sûr qu'elle sorte gagnante de cette régression.

8

Les gagnants du monde du renoncement

Si le monde du renoncement avance si vite, c'est qu'il ne fait pas que des perdants sur le plan financier.

Dans mon essai *Plus vite ! La France malade de son temps*, j'avais expliqué comment la complexité administrative remplissait les poches de certains au détriment des autres. Comment elle ralentissait la redistribution des cartes dans le même temps qu'elle empêchait l'innovation. Comment elle transformait lentement mais sûrement notre pays en un pays de rentiers. Et comment elle était soutenue par les puissants lobbies privés, ceux-ci trouvant dans cette complexité un intérêt direct. Ces lobbies nourrissent continuellement nos gouvernants, cabinets ou parlementaires, de propositions pour engraisser notre complexité administrative. Je donnais l'exemple de certains experts-comptables qui luttaient contre la simplification de la fiche de paie, ou des ascensoristes qui – à chaque incident – proposaient de nouvelles normes plus contraignantes pour la sécurisation des ascenseurs, s'assurant un pactole à chaque nouvelle phrase de règlement. La France est un des rares pays où l'employeur a besoin d'une assistance pour rédiger une fiche de paie. C'est aussi le pays où l'atterrissage des ascenseurs est le plus minutieux. Il n'y a pas d'avantage collectif manifeste retiré de cette complexité. Juste des bénéficiaires privés, souvent inconnus du grand public, qui ont œuvré activement à leur mise en place et assurent avec acharnement leur maintenance.

Le monde du renoncement qui nous occupe n'a pas enfanté la complexité administrative. Celle-ci est le résultat du vieillissement progressif de notre organisation politique et administrative. Cette organisation va sur ses soixante-quinze ans. Elle est usée. Jamais, depuis deux siècles et demi, on n'avait connu pareille longévité pour un régime politique en France. C'est une maison de famille, peu entretenue et mal ventilée, où s'entassent des milliers d'objets incongrus venus des aïeux ou des brocantes alentour… Le pouvoir politique est désorganisé, saupoudré de façon largement redondante sur six à sept étages différents, si on compte les multiples collectivités locales, l'État et l'Europe. À cela se sont ajoutés une multitude de pouvoirs collatéraux publics et parapublics, hautes autorités et autres commissions nationales ou locales. Jamais il n'y a eu autant de chefs pour diriger notre quotidien et celui de nos entreprises. Et comme si cela ne suffisait pas, on ajoute une convention citoyenne qui remet notre avenir environnemental au hasard d'un tirage au sort de personnalités non qualifiées, donc éminemment manipulables.

Produire des textes, des obligations et des contrôles est la raison d'être de beaucoup de ces institutions. L'infantilisation qui en résulte, si bien décrite par Mathieu Laine[1], est conduite au nom du principe de précaution, de l'écologie ou des inégalités sociales. Tous ces motifs ont souvent bon dos. Ce qui compte, c'est de générer de la loi, des décrets, de la jurisprudence, de contrôler *a priori* et *a posteriori*, à travers de nouvelles autorités, et d'en ajouter sans jamais en enlever. La France dispose du corpus de règles obligatoires le plus fourni de tous les pays de l'OCDE. Il est à la dimension du nombre d'élus et de fonctionnaires dont elle est suréquipée. Pourtant, en France, on n'est pas mieux soigné, éduqué, ni protégé, et la nature n'est pas plus respectée qu'ailleurs en Europe.

Mais revenons au monde du renoncement et de la décroissance. S'il n'est pas à l'origine de la complexité administrative en tant que tel, il trouve en fait bien des vertus à cet environnement devenu kafkaïen. La surproduction de lois bavardes, inutiles et parfois inapplicables, les centaines de milliers de

1. Mathieu Laine, *Infantilisation. Cet État-nounou qui vous veut du bien*, Les Presses de la Cité, 2021.

décrets et règlements, les jurisprudences incertaines, la lenteur du système, justice comprise, constituent un levier évident, gratuit et immédiatement disponible pour qui veut empêcher ou ralentir. Le renoncement se délecte dans le grand bain de la complexité administrative.

Le monde du renoncement, c'est le monde du « non » affiché et assumé à tous les projets nouveaux, à tout ce qui peut participer à la croissance économique, à l'échange, au mouvement. C'est l'ennemi discret, mais juré, de notre efficience économique. Avec la complexité administrative, nos « décroissantistes » sont sur un boulevard. En attendant l'effondrement, inévitable pour les uns, souhaitable pour les autres, les « décroissantistes » proposent dès que c'est possible l'immobilisme, le *statu quo*. Ne rien faire. Geler. Cette posture, qui aime souvent revêtir l'apparence du raisonnable et de la recherche du consensus, est en fait mortifère. C'est un extrémisme, car il s'agit ni plus ni moins de stériliser notre économie à travers l'arrêt des investissements.

Car c'est bien à l'ensemble des investissements que l'on s'attaque. Et avec succès. Pour preuve, la plupart de nos grands plans d'investissement n'arrivent quasiment plus à produire de grandes avancées. On saupoudre l'argent public par petites sommes, selon des processus très bureaucratiques. On agit très prudemment et très lentement, au gré des circonstances, des agendas politiques et parfois du simple hasard, sans qu'aucun progrès évident n'en ressorte.

On est bien loin du gaullisme interventionniste et conquérant du plan Calcul, de l'équipement aéronautique avec Concorde ou Airbus, de l'équipement nucléaire français, du ferroviaire qui a donné le TGV, du spatial qui a donné Ariane, des autoroutes et des villes nouvelles, de La Défense... On peut trouver bien des défauts à cette politique interventionniste des débuts de la Ve République : une obsession de l'indépendance nationale, une certaine condescendance envers les chefs d'entreprise ou une centralisation excessive du pouvoir. Mais elle avait la vertu de mobiliser la capacité d'investissement du pays sur des sujets d'avenir identifiés, créateurs d'emplois, de stabilité et de cohésion sociale. Leur nombre était limité. On faisait des choix. On acceptait le risque que l'échec fût visible. Cette politique avait aussi le mérite de la clarté. L'intérêt privé n'empêchait pas la marche en avant de l'intérêt général.

Aujourd'hui, nos grands projets d'équipement en infrastructures sont le plus souvent à l'arrêt ou au ralenti, sauf pour l'éolien, dont on reparlera. Les plans d'investissement sont gérés avec tellement de précaution qu'ils aboutissent à diluer l'effort dans une multitude de petits crédits ou micro-subventions. On pratique l'arrosage ; ça ne fait pas de vagues. Nos efforts de recherche et de développement sont très inférieurs en part relative aux autres pays de l'OCDE. Nos ressources vont à la consommation, ou à défaut, à une épargne, qui elle-même s'investit dans notre dette publique, pour financer nos déficits. Ces déficits sont liés à nos dépenses publiques excessives. Celles-ci sont orientées sur le « fonctionnement » (les dépenses courantes) au détriment de l'investissement. Au bout du tuyau, c'est à nouveau la consommation qui gagne.

Investir, c'est renoncer à consommer. C'est se priver d'une possibilité immédiate de consommation en vue d'un bénéfice futur, pour soi ou pour ses enfants. Nos arrière-grands-parents qui ont équipé de tout petits villages de la France rurale de lignes ferroviaires, avec ces magnifiques ouvrages d'art qui enjambent des vallées profondes ou qui percent le granit des montagnes, ont renoncé à consommer pour investir. Tous les équipements dont nous bénéficions aujourd'hui (gares, aéroports, réseaux électriques, d'eau ou d'assainissement, centrales nucléaires et barrages, musées, etc.), et qui distinguent avantageusement la France, sont issus de leur sacrifice. Nous en avons reçu les fruits en héritage. Avec le « décroissantisme » et l'arrêt des grands investissements, nous renonçons à transmettre quoi que ce soit à nos enfants. Et pire, nous entretenons fort mal ce que nos grands-parents nous ont laissé.

En toute logique, les objecteurs de croissance devraient s'attaquer avec la même vigueur à la consommation et à l'investissement. Mais s'attaquer à la consommation de masse, c'est aussi difficile qu'impopulaire. À part le célèbre démontage du McDonald's de Millau par José Bové, il n'y a pas d'exemple d'activisme contre la consommation de masse. Nos leaders de la décroissance rabrouent Amazon, dans le même temps qu'ils y vendent leurs livres. Ils restent bien discrets sur la taxe carbone dès lors qu'elle pourrait heurter le pouvoir d'achat des Français. À l'inverse, leurs attaques contre les projets d'investissement sont légion et font mouche. C'est une cible bien plus facile. Et souvent plus populaire.

C'est ainsi qu'en s'opposant à l'investissement sans s'attaquer à la consommation, nos « décroissantistes » finissent en creux par favoriser le consommateur. C'est un simple effet de vases communicants. Bénéficiaire direct du renoncement à l'investissement, le consommateur est, dans un premier temps, le premier gagnant de cette nouvelle donne.

Mais il n'y a pas que le consommateur. Il existe d'autres bénéficiaires que le monde du renoncement arrange bien. Ce sont les « rentiers ».

Arrêter de construire, par exemple, c'est assurer une prospérité paisible pour les propriétaires en place. C'est favoriser ceux qui possèdent au détriment de ceux qui font. C'est conforter la rente de ceux qui ont réussi. Le *numerus clausus* de l'offre est le père de toutes les inégalités et de toutes les injustices sociales. Toute une génération de propriétaires, ou même de bénéficiaires de logements sociaux, ne voit pas l'intérêt social, économique ou architectural de constructions nouvelles. Au contraire, elle maudit le « bétonnage » des « promoteurs », le bruit, la poussière et, bien sûr, le mauvais goût des architectes d'aujourd'hui… Tous les projets sont rangés à la même enseigne. Cette génération aime à oublier que, sans promoteur immobilier, elle dormirait dans la rue. Construire est pour elle une composante du monde du mal, du monde d'avant dont on veut se défaire. Dans le même temps, la rente dont cette génération bénéficie, afin d'être soit propriétaire soit locataire à loyer modéré et fixe, s'accroît. Les prix augmentent inexorablement avec le rétrécissement de l'offre par rapport à la demande, qu'il s'agisse de l'acquisition ou de la location. De façon relative ou absolue, cette génération s'enrichit au détriment des autres. La valeur financière du titre de propriété ou même celle de l'avantage à bénéficier d'un loyer modéré s'accroît à mesure que les prix du marché s'emballent. Sans rien faire d'autre que d'empêcher, on s'enrichit à bon compte avec la décroissance.

Mais il y a les autres, ceux qui sont en dehors de la danse et qui n'arrivent plus à y entrer. Ils sont à l'extérieur, devant les grilles, et font la queue pour essayer d'obtenir un ticket pour un logement social. Les plus chanceux, qui peuvent justifier des revenus stables et d'un apport des parents, s'endettent sur des durées extravagantes, vingt ou vingt-cinq ans, pour avoir le privilège de pouvoir acheter une studette à des prix manifestement démesurés. Un professeur agrégé à l'université n'a plus aucune chance de pouvoir acquérir un logement à Paris s'il n'a pas hérité. C'est probablement la première fois depuis la naissance de l'université de Paris sous Philippe-Auguste en 1200.

Cette décroissance que l'on défend au nom de l'écologie crée de telles barrières à l'entrée qu'elle est en fait la cause d'une œuvre massive d'injustice sociale intergénérationnelle. Tous les amoureux de la lutte contre les inégalités devraient dénoncer les conséquences sociales de la décroissance. Aux parvenus les bons logements, aux autres et notamment les nouveaux venus, la précarité ou le surendettement.

Faut-il y voir à nouveau la patte de nos amis les boomers ? Cette génération a saccagé le monde avec les émissions de CO_2 et la pollution des océans. Elle a mis en place des marchés financiers mondialisés et une monnaie, l'euro, qui lui permettent un tirage presque illimité sur la dette publique. Elle consomme ainsi à crédit sur le dos de la génération suivante, à laquelle elle laissera en héritage une dette colossale et des infrastructures vieillissantes. Mais cela ne suffit pas. Une fois installés, ces mêmes boomers, au motif d'écologie, sont désormais « décroissantistes » ! Ils retirent l'échelle à la génération suivante, tout en confortant la valeur de leur rente. Existe-t-il une limite à leur égoïsme ?

9

La décroissance sauvera-t-elle la planète ?

Je suis très sincèrement convaincu du contraire. Je tiens la décroissance pour le pire ennemi de l'environnement.

Certes, comme tout le monde, je mesure ce que la société de consommation mondialisée commet comme dégâts. La Terre paie aujourd'hui un lourd tribut au récent progrès économique, à telle enseigne que c'est désormais le sort de la planète qui est en jeu. Ces dégâts sont là, devant nos yeux. Il faut réagir.

Mais, paradoxalement, je crains encore plus les effets de la pauvreté. La décroissance, si elle devenait le modèle général, entraînerait inéluctablement la misère. Je ne crois pas au pays de Cocagne, où l'on dispose d'autant qu'on a besoin sans se donner la peine de travailler ni de commercer. Sortir l'Occident de la société de consommation, c'est repousser les pays en voie de développement vers la grande précarité. Que seraient ces pays sans le commerce du café, de la banane, des ressources minières, du textile, et sans le tourisme ? Où en seraient leurs infrastructures, eau et assainissement compris, sans les investissements internationaux ? Quant à nous autres, Occidentaux, que pouvons-nous attendre d'autre de la décroissance que la misère pour nos concitoyens, à commencer par les plus défavorisés ?

Les pays riches – pour la plupart – respectent les biotopes. Le progrès économique favorise le développement de la forêt, et donc la séquestration de CO_2. Il y a seulement soixante-dix ans, notre forêt était surexploitée. Les photographies aériennes en attestent. Les monts de la Drôme provençale étaient « chauves ». Les pâturages l'emportaient sur quelques ultimes boqueteaux que l'on mobilisait sans modération pour alimenter les fours des ateliers de poterie, pour se chauffer ou pour réaliser des meubles ou des charpentes. En 1830, la taille de la forêt française était d'environ 9 millions d'hectares. En 1985, elle atteint 14 millions d'hectares. En 2018, la forêt représente 17 millions d'hectares. Elle progresse en surface de 0,7 % par an, et encore plus en volume de carbone séquestré. À chaque fois que la forêt s'étend, la biodiversité progresse. Les insectes reviennent, les oiseaux font leur nid, la faune prospère. C'est une des heureuses conséquences du progrès économique qu'on veut aujourd'hui abattre.

D'ailleurs, au sein de l'Union européenne, on ne peut pas couper un arbre sans s'assurer de la replantation ou de la repousse naturelle. La déforestation est interdite. Des quotas de pêche ou de chasse viennent limiter les prélèvements. Ils sont respectés parce que le peuple ne crie pas famine. Les pollutions industrielles sont sanctionnées.

Choisir la décroissance, ce n'est pas seulement choisir l'appauvrissement, entretenu par la disparition des investissements et le ralentissement de la consommation. C'est aussi choisir la pollution, car celle-ci est d'abord l'apanage des pays les plus démunis.

Même si cela est assez politiquement incorrect, il suffit pour s'en convaincre de voyager dans les pays en voie de développement. 90 % des plastiques qui polluent nos océans et détruisent la vie sous-marine proviennent de dix fleuves seulement. Ces fleuves drainent les zones pauvres et peuplées de la planète (Gange, Indus, Niger, Mékong…). Cinq pays d'Asie – Chine, Indonésie, Philippines, Vietnam et Thaïlande – sont responsables de plus de la moitié des 8 millions de tonnes de plastiques rejetées chaque année dans les océans. Les villes d'Afrique qui connaissent une croissance incontrôlée sont aussi jonchées de plastiques et cannettes en tout genre.

La déforestation appartient aussi au club des pays pauvres, ainsi que l'exploitation incontrôlée des mines ou des océans. À Madagascar, l'exploitation du charbon de bois, principalement utilisé pour les besoins domestiques des citadins, ainsi que la culture sur brûlis, provoquent une déforestation massive et irrémédiable. 200 000 à 300 000 hectares de bois disparaissent chaque année. L'île verte est devenue l'île rouge. Près de la moitié du couvert forestier a d'ores et déjà disparu, emportant l'extinction de 75 % des espèces endémiques de l'île.

Il faut avoir voyagé pour comprendre le paradis environnemental (relatif) dans lequel nous vivons dans les pays riches.

On m'opposera qu'au contraire, c'est la société de consommation qui est coupable en étant à l'origine de la pollution dans les pays en voie de développement. C'est effectivement dans la phase « amont » de sa croissance économique qu'un pays en voie de développement devient gravement pollueur. Avant, il consomme et pollue peu. Puis la croissance économique s'emballe ; Coca-Cola, Marlboro – et aujourd'hui Google – arrivent. La population s'accroît avec la santé et la nutrition qui s'améliorent. On urbanise à grand renfort de béton. De nouveaux besoins apparaissent. On construit, on brûle du pétrole ou du charbon, on s'équipe en automobiles. C'est le progrès. Il va de pair avec la pollution.

La fameuse « courbe environnementale de Kuznets », qui fait consensus parmi les économistes, ne dit pas autre chose. Il s'agit d'une courbe en U inversé. Dans une première phase, l'accroissement du PIB par habitant se fait au détriment de l'environnement. Les populations, mais aussi les élites politiques, ont peu de préoccupation pour la planète. Leurs priorités sont ailleurs. Mais dans un second temps, l'environnement, qualifié de « bien supérieur », voit sa demande augmenter avec le PIB. De nouvelles exigences citoyennes émergent. Et même le pouvoir économique finit par réclamer sa protection. La déforestation, la surpêche ou les plastiques sur les plages ne font pas l'affaire des acteurs économiques sur le moyen ou le long terme. Au contraire, ces pollutions, en limitant l'accès aux ressources par absence de renouvellement, et en diminuant l'attractivité du pays, favorisent *in fine* la décroissance. Les modèles de croissance économique ne prospèrent pas durablement sur le terreau d'une nature dévastée.

Si on suit la courbe en U inversé de Kuznets, on ne peut sortir de la phase critique de pollution que par le haut, c'est-à-dire avec la croissance. Je ne crois pas que l'on puisse faire machine arrière, et proposer qu'un pays parvenu à 5 000 dollars de PIB par habitant revienne à 500 dollars au nom de la défense de l'environnement. Non seulement ce scénario serait insupportable socialement, mais il serait probablement irresponsable du point de vue de l'environnement.

Les données de la Banque mondiale sur les émissions de CO_2 par dollar de PIB sont très claires. Elles mettent un peu à mal les incantations des « décroissantistes ». Les pays les moins émetteurs de CO_2 par dollar de PIB (à moins de 0,25 kilo de CO_2 par dollar de PIB) sont répartis en deux sous-groupes. Il y a le premier sous-groupe que constituent les pays les plus pauvres du monde, en Afrique subsaharienne et en Amérique du Sud. On aura du mal à les proposer comme des modèles pour le sort de l'humanité : les inégalités y prospèrent, la protection sociale y est inexistante, la démocratie et les libertés publiques y sont malmenées, l'espérance de vie y est limitée et la mortalité infantile record… Le deuxième sous-groupe des pays les moins émetteurs de CO_2 par dollar de PIB est constitué des nations les plus riches, notamment l'Europe, et dans une moindre mesure les États-Unis. Entre les deux, il y a la liste noire des pays qui émettent plus de 0,4 kilo de CO_2 par dollar de PIB : la Chine, la Russie, l'Afrique du Sud… On pourra espérer que le monde aille mieux quand ces pays de la liste noire auront atteint le niveau de prospérité des pays les plus avancés. Parce que c'est un pays riche qui a su faire les bons choix, la France compte parmi les pays les moins émetteurs du monde avec 0,1 kilo de CO_2 par point de PIB. Plutôt que de nous auto-flageller, nous devrions nous offrir en modèle.

Mais revenons à la proposition de décroissance que l'on entend tous les jours. Nous sommes dans une marche à sens unique. Retourner au dénuement, sur une planète de 8 milliards d'individus, ce n'est pas se projeter par un coup de baguette magique dans le passé et retrouver le pastoralisme joyeux de nos ancêtres drômois. Ce n'est pas retourner dans la forêt vierge pour y mener une existence simple et heureuse de chasseur-cueilleur. C'est s'entasser dans des bidonvilles, manger le pire, rouler dans des voitures bricolées et polluantes, et se chauffer au charbon, ou avec le peu de bois qui reste dans les campagnes. C'est émettre beaucoup et produire des déchets que personne ne recyclera, sauf pour la partie que des enfants pauvres disputeront aux oiseaux dans d'immenses décharges à ciel ouvert. Ce sont aussi des épidémies et des famines. C'est enfin affronter l'insécurité au quotidien, car la sécurité coûte cher. Sans prospérité économique, pas de sécurité pour les populations.

Je ne suis pas le seul à faire ce constat. Marc Fontecave, spécialiste de chimie et de biologie, et professeur au Collège de France depuis 2008, souligne que ce n'est pas la pauvreté inhérente à la décroissance qui permettra de sauver le climat et qu'elle ne peut en aucun cas être un objectif à poursuivre. Il affirme dans *Le Point*: « La décroissance, on en a fait l'expérience en 2020, fait effectivement chuter le CO_2 : en perdant 10 % de notre PIB, nos émissions ont baissé de 7 %. Cela signifie que pour atteindre la neutralité carbone, il faudrait que dans les trente ans à venir, nous ayons la même pandémie et le même résultat économique chaque année ! Cela n'adviendra jamais. Nous avons le devoir d'explorer d'autres solutions[1]. »

1. Marc Fontecave, « Pour sauver le climat, il existe d'autres voies que la décroissance », propos recueillis par Géraldine Woessner, *Le Point*, 19 décembre 2020.

Pour nourrir et soigner autant de monde, il faut de la prospérité économique et un système financier stable. Le raisonnement vaut pour la plupart des pollutions. Leur maîtrise vient avec la croissance économique. Mais je dois reconnaître qu'il existe une exception. Et elle est de taille. Il s'agit de la pollution atmosphérique des États-Unis, première puissance économique du monde. Avec 5,2 milliards de tonnes d'émission de CO_2 par an, les États-Unis sont le deuxième émetteur de CO_2 du monde derrière la Chine (11,2 milliards de tonnes)[1]. Par habitant, ils atteignent également des records avec presque 15 tonnes par habitant et par an. Deux fois le niveau des émissions chinoises rapportées au nombre d'habitants, et neuf fois celui de l'Inde. Pourtant, le PIB des États-Unis est le plus important du monde. À 63 000 dollars par habitant, il s'établit à un multiple de trois par rapport à la Chine. Comment se fait-il qu'un pays aussi riche puisse polluer autant, en contradiction directe avec la courbe environnementale de Kuznets ? Le modèle américain, le plus abouti des modèles occidentaux, ne vient-il pas conforter les thèses « décroissantistes » ?

J'oserai avancer plusieurs explications.

Tout d'abord, en matière écologique, les États-Unis « partent de loin ». La surabondance de pétrole sur leur propre territoire les a orientés vers

1. Source : MTE, 2022.

un modèle d'hyperconsommation d'hydrocarbures. En volume, ils consomment énormément, depuis longtemps. Mais en tendance, les États-Unis sont bien entrés dans une phase de décroissance, avec une réduction de 10 % de leurs émissions totales depuis vingt ans. Ce progrès, quoique très insuffisant face aux enjeux climatiques, est néanmoins incontestable.

J'ajouterai qu'il n'y a pas une Amérique, mais plusieurs Amériques. Une partie significative de la population américaine a une conscience « environnementale » proche de celle que l'on retrouve dans les pays en voie de développement. C'est-à-dire pratiquement inexistante. S'y rassemble une grande partie de l'électorat de Donald Trump. Dans ce pays souvent paradoxal et de plus en plus « clivé », une autre composante de la population manifeste à l'inverse une conscience environnementale parmi les plus avancées du monde. Il s'agit de l'électorat démocrate de la côte Est et de la Californie. Et ce sont dans ces États que les ambitions de réduction d'émission des entreprises sont les plus ambitieuses de la planète, souvent portées par les multinationales et les milliardaires que nous connaissons. L'Amérique modeste, derrière Donald Trump, manque de tout. De ressources financières, d'éducation… Elle est la victime désignée des *fake news* et du complotisme. Elle est largement laissée pour compte, victime de la désindustrialisation, menacée par la prolétarisation et la précarité des petits boulots que l'économie Internet propose. Pour elle, le bilan carbone ne compte pas. Cette population-là a d'autres soucis. L'Amérique démocrate des classes sociales gagnantes est tout le contraire. Le niveau de conscience environnementale reste lié au niveau de revenus et à la capacité de se projeter dans l'avenir. Le sujet environnemental des États-Unis est plus une question de répartition de richesses et d'éducation qu'une question de PIB.

Mais il n'y a pas que le manque de cohésion sociale, reflet d'un niveau excessif d'inégalités, qui explique le niveau des émissions américaines. Il y a aussi l'absence d'État. Si la France peut s'afficher comme un modèle mondial en matière d'émissions de CO_2 par habitant (nous émettons trois fois moins que les Américains, deux fois moins que les Allemands, et un tiers de moins que les Chinois), c'est bien grâce à l'intervention de l'État qui a fait des choix courageux. En premier lieu, celui du nucléaire, mais également celui de la densité urbaine et des infrastructures en transports en commun, évitant l'étalement des villes et le recours au « tout-voiture ». Pour ce qui reste de la consommation de pétrole, c'est ce même État qui a mis en œuvre, dès le premier choc pétrolier, la « chasse au gaspi », dans notre pays où « on n'a pas de pétrole, mais on a des idées ». Cela a conduit à la montée en puissance d'une des premières taxes carbones du monde : la « taxe intérieure sur les produits pétroliers » (TIPP), devenue « taxe intérieure sur la consommation des produits énergétiques» (TICPE) en 2011. La mise au point des moteurs de voiture parmi les plus sobres du monde par Citroën, Renault ou Peugeot en est la conséquence directe. Cela nous distingue de bien des pays. Cette politique trouve également son prolongement direct dans les mesures d'encouragement aux travaux d'isolation, avec le dispositif «Ma prime rénov'» défendue par le ministère du Logement.

Nul doute que la prospérité économique est indispensable à la préservation de la planète. Mais elle n'est certainement pas suffisante. L'État doit agir pour mettre en œuvre des choix collectifs structurants, assurer la cohésion de la nation et l'éducation des populations. En attendant, nous pouvons en être convaincus: ce n'est pas la décroissance aveugle et irraisonnée qui sauvera le monde que nous connaissons.

10

Passer au bas carbone, c'est plus cher

Oui, il faut de la richesse pour assurer la transition écologique.

La voiture la moins chère du marché en France en 2022 est la Dacia Sandero 1.0 Access. Elle coûte 9 990 euros. Pour rouler en électrique, c'est la Dacia Spring la moins chère. Mais elle est à 12 500 euros, bonus écologique déduit. L'électrique est 25 % plus cher à l'achat.

En 2020, l'UFC-Que choisir a étudié le prix d'un panier de trente-neuf produits bios représentatifs de la consommation des Français (fruits et légumes frais, crémerie, viande, produits de la mer, traiteur et surgelés, boulangerie, boisson sans et avec alcool, produits pour bébés). L'enquête conclut que le bio est clairement plus cher : les trente-neuf produits conventionnels vendus en grande surface ont un coût moyen de 86 euros tandis que le panier totalement bio équivalent est à 155 euros, soit un surcoût de 80 %. Quel que soit le type de produit, la différence est à peu près la même.

De toutes les sources d'énergie pour produire de l'électricité, le solaire et l'éolien, présentés comme l'alpha et l'oméga du renouvelable bas carbone, sont les plus chers. Le solaire coûterait 70 à 140 euros par MWh (mégawatts-heure), l'éolien terrestre 60 à 90 euros et l'éolien marin 140 à 200 euros. À ce coût direct, on omet généralement d'ajouter le surcoût lié à la gestion de l'intermittence qui caractérise ces sources de production, notamment l'éolien. Face à une consommation électrique assez largement stable et prévisible, une production erratique et imprévisible est source de bien des difficultés. Tant que la question du stockage de l'électricité n'est pas réglée, cette intermittence oblige en effet à prévoir des productions de substitution en cas d'absence de vent ou de soleil. On doit donc disposer de centrales à gaz ou à charbon en doublon, prêtes à démarrer à tout moment. À défaut, il faudra acheter en toute hâte de l'électricité sur un marché hypertendu, à un prix prohibitif. Dans le même temps, un coup de vent magistral à un moment de faible consommation suffit à rendre totalement inutile la production, renchérissant d'autant le coût de la production « utile ». La surproduction est alors telle qu'il est arrivé en Allemagne que certaines centrales à charbon vendent leur électricité à un prix négatif pour ne pas avoir à subir le coût d'interruption de la production. En l'absence de stockage, quand il y a du vent, le prix de l'électricité sur les marchés qui reposent sur l'éolien s'effondre. Cela rend indispensable le subventionnement. Et contrairement aux idées reçues, il n'y a pas de foisonnement entre les pays à l'échelle européenne. Un coup de vent concerne généralement toute l'Europe en même temps. Et quand l'anticyclone est là, c'est toute l'Europe qui est sans vent, alors qu'il fait soudainement un froid sibérien et que la consommation explose. Le coût réel de cette intermittence de l'éolien et du solaire n'est pas encore évalué dans les comparaisons.

Ce qui constitue l'essentiel de notre production aujourd'hui en France, c'est le nucléaire. Cette source d'énergie, largement continue et planifiable, revient à 42 euros par MWh pour le parc actuel, selon l'Agence internationale de l'énergie (AIE), quote-part de démantèlement compris. Cela représente probablement moins de la moitié du coût des énergies renouvelables (EnR) surtout si les conséquences directes et indirectes de l'intermittence des EnR étaient évaluées à leur juste prix.

De façon plus « macro », les estimations des investissements pour mener à bien la transition écologique d'ici à 2030 puis 2050 varient de 2 % à 6 % du PIB par an. Le think tank I4CE de la Caisse des dépôts prévoit un effort annuel de 65 à 95 milliards d'euros. L'Ademe et l'Observatoire français des conjonctures économiques (OFCE) sont plutôt sur une fourchette de 63 à 82 milliards d'euros. Sur la base des travaux du High-Level Expert Group (HLEG), la Cour des comptes européenne estime le budget de la transition écologique en Europe à 11 200 milliards d'euros entre 2021 et 2030. Pour la France, cela représenterait 145 milliards par an. Je sais qu'avec les plans de relance consécutifs à la pandémie de Covid, les ordres de grandeur de la dépense publique sont un peu troublés, mais 145 milliards, c'est presque deux fois ce que rapporte la totalité de l'impôt sur le revenu chaque année. Et c'est plus que la somme de l'impôt sur le revenu et de l'impôt sur les bénéfices des sociétés prélevés annuellement.

À ces investissements nécessaires pour se passer des émissions de carbone, s'ajoutent les indispensables mesures sociales d'accompagnement. Le réchauffement climatique et les efforts demandés pour assurer une transition écologique vont heurter violemment le portefeuille des ménages les plus précaires. Les projets de taxe carbone, repoussés par la rue, en attestent. C'est plus simple de faire un effort d'écologie quand on a de la marge financière devant soi.

Il faut donc de l'argent, beaucoup d'argent, pour passer dans le monde d'après, celui qui sauvera la planète.

Mais, au fond, la disponibilité d'argent est-elle liée à la croissance économique ?

À l'aune des campagnes et des promesses électorales, on finit par croire que cet argent est là.

Qu'il suffit de le prendre. Qu'il n'est pas besoin de croissance économique pour se servir. En d'autres termes, il faut taper dans l'immense stock de capital accumulé par les riches, entreprises ou particuliers, pour financer les investissements collectifs de la transition écologique et aider les pauvres à avaler la pilule amère de la décroissance.

Le raisonnement est séduisant. Il faut bien reconnaître que la valeur du capital s'est considérablement accrue, notamment sous l'effet de la baisse historique des taux d'intérêt que le monde développé a connue depuis vingt-cinq ans. L'immobilier, la bourse, les obligations ont vu leur valorisation exploser du fait d'une exigence de rendement revue à la baisse. Et les inégalités de fortune se sont accrues de façon à la fois spontanée et injuste, comme rarement dans l'histoire. Alimentés par de plus faibles perspectives de croissance économique, par le vieillissement de la population, par de moindres besoins d'investissement, et récemment par l'injection monétaire massive des banques centrales, les taux réels bas semblent bien installés. En *mark-to-market* (mise à valeur de marché), cela crée un incontestable effet « richesse » en accroissant la fortune des particuliers qui ont la chance d'être exposés aux marchés immobiliers ou financiers.

Mais rien ne garantit que cette bulle de valorisation, qui ressemble à bien des égards à un château de cartes, soit disponible pour financer la transition écologique le jour où la décroissance aura été choisie comme objectif commun. C'est même le scénario inverse qui menace les pays qui suivront cette piste dangereuse. Ils risquent de voir fondre la valeur du capital comme neige au soleil. Le jour où l'on pénétrera dans le coffre-fort pour se servir, à grands coups de mesures fiscales, la probabilité est élevée de ne rien y trouver. Que vaut le patrimoine immobilier d'un pays en crise économique, avec 20 % de chômeurs et des occupants qui ne peuvent plus faire face aux loyers ou aux remboursements d'emprunt ? Que valent les actions Carrefour, BNP Paribas et TF1 dans un monde de décroissance de la consommation ? Que valent les obligations d'État d'un pays qui voit fondre ses recettes fiscales, fuir les investisseurs et grandir ses déficits sans espoir de retour à une meilleure fortune ? Aucun des scénarios de valorisation financière ou immobilière actuels ne s'appuie sur des rendements qui baisseraient, année après année. Tous ces modèles prévoient la stabilité de revenus, améliorée par un peu d'inflation et un zeste de croissance. Changeons de scénario pour celui de la décroissance, et c'est la machine qui s'enraye. La valeur de ces actifs, celle-là même qui donne un puissant sentiment de richesse, qui encourage la dépense publique et l'endettement, viendra alors soudainement à s'effondrer.

Les grandes crises du passé ont montré que les scénarios de décroissance étaient des scénarios de déplétion du capital. Or c'est bien de ce capital dont la planète va avoir besoin pour assurer son avenir. La valorisation de ce capital, qui demeure notre chance, dépend de la confiance dans l'avenir. Souhaiter la décroissance, la pratiquer dans son quotidien, l'organiser en stérilisant les villes ou les investissements, c'est œuvrer à la disparition du capital. Et c'est donc priver la planète des moyens nécessaires pour se réparer. À l'évidence, cette disparition peut être brutale. Elle serait sans appel pour le désastre climatique.

Sevrer le monde des sources d'énergies carbonées est un projet qui mobilisera d'immenses capacités financières. Cet argent ne sera pas ou ne sera plus disponible si nous choisissons de nous tourner vers la décroissance. Seule la croissance, même modeste, ou l'espoir de la croissance peuvent permettre de mobiliser aujourd'hui les financements nécessaires.

11

La transition écologique comme vecteur de croissance

De toutes les statistiques de la Banque mondiale, il y en a une qui ne cesse de m'intriguer. C'est celle de l'évolution du contenu carbone de la croissance. Les « décroissantistes » veulent faire croire que la croissance économique et les émissions de carbone sont liées par un rapport immuable. Voyant le PIB augmenter en même temps que les émissions de CO_2, ils déduisent que l'un est la cause des autres et vice versa. C'est la consommation gratuite et irraisonnée des ressources de la planète qui serait le carburant du PIB. Plus le PIB s'emballe, plus on tire sur le réservoir des trésors irremplaçables d'un monde fini. Sans décroissance du PIB, il n'y aurait donc point de salut.

Les données de la Banque mondiale démentent le propos ou, à tout le moins, le relativisent.

À l'échelle mondiale, le contenu carbone de la croissance est en baisse continue. En 1990, pour chaque dollar de PIB, le monde émettait 0,4 kilo de CO_2. En 2018, ce chiffre s'était affaissé à 0,27 kilo de CO_2 par dollar de PIB. Une baisse constante, régulière, année après année, qui a déjà permis de décarboner près d'un tiers de PIB. Pour les États-Unis, la baisse de l'intensité carbone du PIB s'est établie à 48 % sur la période. L'Union européenne, qui était assez vertueuse dès 1990 avec 0,29 kilo de CO_2 par dollar de PIB, a réussi à diminuer de moitié ce paramètre pour atteindre 0,15 kilo en 2018. Si on arrivait à se maintenir sur la ligne droite déjà engagée, sans en accélérer la pente, il n'y aura plus d'émission de CO_2 pour l'Europe d'ici trente ans. Même la Chine, que l'on accuse de tous les maux, voit l'intensité carbone de son PIB se contracter d'année en année.

Dans notre quotidien, on observe d'ailleurs que nos équipements sont de plus en plus sobres. Le réfrigérateur qui consommait 380 kWh en 2007 n'en consomme plus que 130 en 2019 ; le sèche-linge affichait 390 kWh en 2007 contre 130 kWh en 2019 ; le téléviseur 190 kWh en 2007 contre 50 kWh en 2019 ; quant à la lampe, elle consommait 16 kWh en 2007 pour seulement 3 kWh en 2019, avec le passage de l'incandescence à la LED. Et il est inutile de rappeler les économies réalisées sur les consommations des moteurs thermiques de l'automobile ou de l'avion.

On m'opposera que si nos équipements sont de moins en moins gourmands en énergie, nous en disposons néanmoins de plus en plus. Le PIB s'est accru plus vite que son contenu carbone ne s'est réduit. Les émissions de CO_2 en volume ont ainsi continué à s'accroître de façon inquiétante. C'est incontestable. Néanmoins, il demeure que la possibilité d'une croissance économique plus sobre en émission de CO_2 ne relève pas de l'hypothèse. C'est à la fois une réalité et un espoir fantastique du monde d'aujourd'hui. Cela ébranle sérieusement l'édifice « décroissantiste ».

J'irai même plus loin en osant entrevoir que la transition bas carbone puisse avoir un effet positif sur le PIB. L'accélération de la chasse au carbone pourrait-elle contribuer à la croissance et nous engager dans une longue et puissante période de prospérité ?

La vulgate « décroissantiste » expose tout le contraire avec conviction. La baisse du PIB serait une composante indissociable du passage au monde décarboné. Que cela se fasse par la force des choses, *via* l'épuisement des ressources en hydrocarbure et en charbon, ou à marche forcée, *via* les interdictions et les taxes, le PIB se contractera. On nous explique que le PIB n'est qu'une somme de valeurs ajoutées. Or le prix de revient de ce que nous consommons va augmenter, avec le kilowatt-heure éolien, la carotte en circuit court, l'hydrogène pour la voiture, ou même avec les vieilles ressources naturelles qui seront en grande raréfaction. Toutes ces ressources coûteront plus cher. Mais dans le même temps, l'utilité marginale du train (électrique), du bœuf aux carottes ou de la voiture restera la même. Si l'utilité marginale n'évolue pas, le prix de vente restera inchangé, nous dit la théorie. C'est donc la valeur ajoutée, c'est-à-dire la différence entre le prix de vente et le prix de revient, qui va se contracter. On nous donne à méditer les grandes contractions du PIB liées aux crises pétrolières. Des coûts de l'énergie plus élevés pour un même produit, c'est une somme de valeurs ajoutées et donc à la fin un PIB qui s'effondre.

Je vois deux arguments qui éloignent notre situation de celle d'une simple crise pétrolière. Le premier est relatif à la consommation, le deuxième à l'investissement.

En matière de consommation, je conteste l'idée que la transition bas carbone s'effectue « à produit constant ». La révolution du bas carbone n'est pas celle du pétrole plus cher de la crise de 1974. Elle va emporter un nombre considérable d'innovations dans tous les secteurs. Ces innovations vont donner « envie de consommer ».

Parmi les innovations d'aujourd'hui, la Tesla est le meilleur exemple. Cette voiture représente beaucoup plus qu'une automobile standard dont on aurait remplacé le moteur thermique par un moteur électrique. C'est une nouvelle expérience, de nouvelles sensations, une nouvelle approche de la conduite. La fabrication est différente. Et même le circuit de vente n'a rien à voir. Le passage à l'ultra-bas carbone s'accompagne d'un nombre considérable d'innovations qui justifient le prix très élevé. À cela s'ajoute la fierté. Celle de participer au grand projet de sauvetage de la planète. La fierté, la considération, cela se paie en espèces sonnantes et trébuchantes. Il y a même des files d'attente pour devenir client. La Tesla la moins chère est à 43 800 euros : trois fois le prix de l'entrée de gamme des autres constructeurs. La valeur ajoutée perçue de la fabrication d'une Tesla est supérieure à celle des concurrents de l'automobile traditionnelle. La pression sur les prix de vente est soudainement allégée par un positionnement qui se veut révolutionnaire. Plus de croissance et un potentiel supérieur de marge assurent à Tesla de valoir en bourse 1 000 milliards de dollars[1]. C'est plus que la valeur de l'ensemble des autres constructeurs automobiles de la planète réunis… Nous sommes bien dans un processus schumpetérien de création de valeur.

L'innovation, c'est d'abord de la valeur ajoutée. La marge brute sur un iPhone est un multiple de celle réalisée (avant l'iPhone) sur un téléphone, un appareil photo ou un agenda. Devialet ou Sonos sont bien plus rentables que les fabricants de matériel hifi traditionnels. L'innovation est source d'obsolescence des produits conventionnels. Au consommateur, elle donne envie d'acheter, de renouveler.

1. Valeur au 14 janvier 2022.

À l'entreprise innovante, elle apporte une différenciation de la concurrence qui autorise des marges supérieures. Les modèles de macro-économie traditionnels ont du mal à percevoir l'impact de l'innovation. Par construction, ils ne savent pas l'anticiper, et encore moins la mesurer.

On ne prend pas grand risque à prédire que le passage au bas carbone qui est devant nous va entraîner un nombre considérable d'innovations. On peut même parler de révolution. Après la révolution agricole, la révolution industrielle, la révolution numérique, le monde va très certainement connaître la révolution écologique.

Cette révolution sera d'abord imposée par le consommateur. La prise de conscience de la valeur environnementale des produits est un phénomène récent qui gagne du terrain. Il y a là bien plus qu'une simple tendance de consommation, bien plus qu'une mode. Une part croissante de la population est d'ores et déjà prête à payer plus cher pour un produit à faible impact carbone, dès lors que celui-ci, à l'image de Tesla, apporte aussi une image de modernité et d'innovation.

Le même phénomène est observé dans la promotion immobilière bas carbone, qui propose en centre-ville des logements fabriqués en bois massif. La sensibilité à l'impact écologique est d'autant plus élevée qu'on est issu des classes supérieures, ou que l'on est jeune. Toutes les révolutions de consommation ont été menées par les riches et par les jeunes. Les riches, parce qu'ils ont les moyens et recherchent la « distinction ». Les jeunes, parce qu'ils veulent rompre avec les vieux cons, et s'inventer un monde meilleur, à eux. Un jeune qui se respecte est un rebelle. C'est cela, être jeune. Ces deux vecteurs entraînent ensuite aisément l'ensemble de la population, qui ne veut pas être en reste. C'est ainsi que l'éco-consommation va dominer le monde.

Une production nouvelle, vertueuse, constituera pour le public autant de raisons de consommer davantage, de renouveler les équipements. Dans le panier de la ménagère ou du ménager, ce qui comptera, ce ne sera plus la masse des produits, mais leur valeur écologique. Le Caddie sera probablement plus modeste en volume. La sobriété, la qualité, la frugalité seront recherchées. Une faible empreinte carbone, la recyclabilité, la sincérité du producteur, les bienfaits pour la santé seront les atouts clés pour la vente. N'en déplaise aux Cassandre, cette mutation ne se fera pas nécessairement au détriment des marges et de la valeur ajoutée : ce qui est recherché se paie plus cher. La prospérité en mode bas carbone est possible, à production constante, ou même croissante, dès lors que cette production n'est plus mesurée en volume mais en valeur ajoutée écologique, et finalement en prix et en marge, donc en croissance économique.

Mais il n'y a pas que la consommation. La révolution du bas carbone va engendrer des investissements considérables qui contribueront également à la croissance économique. C'est ce qui rapproche la révolution écologique d'une révolution industrielle classique. La disparition, que l'on espère la plus rapide possible, de la ressource fossile, va nécessiter la réalisation de mégaprojets, notamment en matière d'infrastructures. Il y aura les énergies renouvelables, mais aussi le nucléaire, l'hydrogène, la voiture électrique, les transports en commun... Presque toutes les solutions pour se passer du pétrole, du gaz et du charbon existent déjà. Elles sont éprouvées et sûres. Pour parvenir au bas carbone, il faut les déployer à une échelle planétaire, dans un temps qui nous est compté. Le surplus de liquidité financière qui inonde le monde en ce moment, avec la création monétaire conjuguée à cette aversion au risque qui caractérise la veille des révolutions, pourrait bien trouver là un usage facile, massif et rentable. Déjà une partie de la finance mondiale s'intéresse activement à ces mégaprojets de la transition bas carbone. Dans le même temps, elle abandonne le financement des infrastructures ou des industries polluantes.

La Chine sera peut-être le premier terrain de jeu du boom écolo-économique. Le pays s'est donné un temps contraint pour réussir sa transition écologique et y consacre des milliards. C'est un des seuls pays qui accepte de couper le courant pour respecter ses objectifs d'émission. La centralisation a parfois du bon. Mais la France aussi a tout pour réussir cette transition. En premier lieu, elle dispose d'une source d'énergie peu chère et quasiment décarbonée, le nucléaire. Cette énergie lui permet de fabriquer à « moindre coût carbone », de faire rouler des voitures électriques, de produire de l'hydrogène. La France a la facture carbone la moins élevée des grandes puissances. Si demain une taxe carbone devait être instaurée à l'échelle européenne ou mondiale, la compétitivité de l'industrie française connaîtrait un rebond compétitif aussi légitime qu'inespéré.

Et la France, c'est aussi une grande puissance agro-sylvicole. Or l'avenir est aux ressources renouvelables, réutilisables et de préférence peu ou pas émettrices de CO_2. La matière végétale est issue de la photosynthèse. Elle sera la matière de demain, car sa production absorbe le CO_2 au lieu d'en émettre, presque gratuitement. Notre foresterie et notre agriculture vont nécessairement être mises à contribution pour offrir des produits bas carbone, en substitution des produits traditionnels non renouvelables et très émetteurs de CO_2 que nous consommons sans modération. Qu'il s'agisse d'emballage, de tissus ou de matériaux de construction, le végétal va progressivement se substituer au minéral ou aux hydrocarbures. Cette mobilisation du végétal est un immense espoir pour l'économie française.

12

L'éco-modernisme

Derrière le constat de la possibilité d'une écologie vecteur de croissance, se trouve une école de pensée mal connue : l'éco-modernisme. Étonnamment, ce courant trouve peu d'écho dans le débat politique actuel. Pourtant, les fondements de cette doctrine puisent dans le pragmatisme américain, l'écologie politique, l'économie de l'évolution ou encore le modernisme. Les éco-modernistes croient, à juste titre, que nos sociétés peuvent et doivent rechercher le progrès, la croissance, la consommation et le bien-être humain, tout en protégeant l'environnement avec conviction et efficacité.

En avril 2015, est publié sur Internet « Un manifeste éco-moderniste ». Ses dix-huit auteurs, parmi lesquels Michael Shellenberger, Robert Stone, Stewart Brand, Mark Lynas ou Joyashree Roy, sont des universitaires, professeurs, chercheurs, scientifiques, économistes, philosophes, écrivains, journalistes et militants, originaires des États-Unis, d'Australie, d'Angleterre et d'Inde. Certains d'entre eux sont des érudits du Breakthrough Institute (centre de recherche environnementale), de l'université Harvard, de l'université de Jadavpur et de la Long Now Foundation. Ces « éco-pragmatiques » et « éco-modernistes », comme ils aiment à s'appeler dans leur manifeste, font un éloge du productivisme moderne et s'opposent catégoriquement à la décroissance.

Réfutant les théories sur la limite de la croissance dans une planète finie avancées par le club de Rome dans les années 1970, les éco-modernistes considèrent que la demande, pour un grand nombre de biens matériels, pourrait s'arrêter à mesure que les sociétés s'enrichissent. Ils prennent pour exemple celui de la consommation de viande, qui a atteint son maximum dans les pays riches pour évoluer vers d'autres sources de protéines utilisant moins de terre. Les besoins changent à mesure que la conscience environnementale des citoyens se développe. C'est ce que j'expliquais lorsque j'évoquais la « courbe environnementale de Kuznets », au chapitre 9.

Le retour à la vie frugale de nos ancêtres paysans qu'affectionnent les « décroissantistes », ne convainc pas les éco-modernistes. Remonter le temps pour utiliser les technologies d'avant la révolution industrielle ne permettrait pas aux hommes de devenir auto-suffisants dans la campagne paisible de leur choix, et condamnerait l'humanité à vivre dans la pauvreté, les inégalités, l'intolérance et les conflits. Les technologies utilisées autrefois assuraient des niveaux de vie très inférieurs, tout en ayant souvent un impact sur l'environnement, par individu, beaucoup plus élevé. Un tel scénario ne pourrait qu'aboutir à « un désastre écologique et humain total[1] », insistent les éco-modernistes. On le sait en étudiant l'Histoire ; ce sont les innovations qui ont permis aux hommes de s'affranchir d'une vie de labeur et de pauvreté, de choisir librement leur voie, de consacrer du temps aux arts et à la culture et de pouvoir se dévouer à la protection de la nature. Et seules les technologies modernes, toujours plus performantes, peuvent permettre aux sociétés d'avoir une empreinte carbone de plus en plus basse.

« Une atténuation significative du changement climatique est, fondamentalement, un défi technologique. […] Limiter de manière drastique la consommation globale par individu serait insuffisant pour atténuer le changement climatique de façon significative. En dehors de changements technologiques en profondeur, il n'existe pas de chemin crédible qui conduise à une atténuation significative du changement climatique[2]. » Le message est

1. « Un manifeste éco-moderniste », trad. John Laurie, 2015, en ligne : www.ecomodernism.org/francais.
2. *Idem.*

clair : la révolution climatique sera technologique ou elle ne sera pas.

Quelles mesures concrètes proposent les écomodernistes ? Entre autres, sont défendus l'intensification agricole, les aliments synthétiques et/ou génétiquement modifiés, les poissons issus de fermes d'aquaculture, le dessalement et le recyclage des déchets, la densification des villes, l'exploitation du nucléaire et des énergies renouvelables avancées ou encore le développement des innovations techniques afin de rendre plus compacte l'activité humaine et de donner davantage de place à la nature sauvage.

Le manifeste précise l'importance du recours aux énergies modernes pour permettre le découplage entre développement et nature : « La disponibilité d'énergie peu coûteuse permet aux gens pauvres, à travers le monde, de cesser d'avoir recours aux forêts comme combustible. Cela permet de produire plus de nourriture sur moins de surface, grâce aux technologies avec un apport important d'énergie tel que tracteurs et engrais. L'énergie permet aux humains de recycler les eaux usées et de dessaler l'eau de mer, épargnant ainsi les rivières et les zones aquifères. Elle permet aux humains de recycler métaux et plastiques à moindre coût, au lieu d'extraire ou de raffiner ces minerais. Pour l'avenir, l'énergie moderne pourrait permettre de capturer le carbone dans l'atmosphère, et de réduire son accumulation, responsable du réchauffement climatique[1].» Pour l'avenir, contrairement aux idées reçues, la planète sans carbone aura besoin de plus d'énergie, beaucoup plus.

L'enjeu aujourd'hui est de se servir des processus existants de décarbonation. Il faut supprimer l'utilisation de combustibles qui consomment beaucoup de carbone non renouvelable et leur substituer d'autres sources d'énergie qui n'en consomment pas ou peu, tel que le nucléaire. « À long terme, l'énergie solaire du futur, la fission nucléaire avancée et la fusion nucléaire sont les seules voies plausibles pour atteindre les objectifs conjoints d'une stabilisation du climat et d'un découplage radical des activités humaines avec la nature[2].»

Enfin, l'école éco-moderniste propose un modèle d'économie circulaire où « les déchets sont des aliments ». Cette idée est formulée par William McDonough et Michael Braungart dans *Cradle to Cradle. Créer et recycler à l'infini* (2002 ; Alternatives, 2011). Le principe de l'économie circulaire repose sur des produits industriels qui seraient pensés en amont afin que leur désassemblage soit possible, dans le but d'un recyclage complet. Il conviendrait également que les produits et ingrédients utilisés soient respectueux de l'environnement. Est ainsi conceptualisée une industrie qui irait du « berceau au berceau » (Walter R. Stahel). Le déchet ne serait plus véritablement un déchet mais de la nourriture

1. *Idem.*
2. *Idem.*

et de l'énergie pour un autre élément. Les déchets pourraient nourrir les sols, les plantes et les animaux par la décomposition, ou être à nouveau utilisés comme matériaux dans le cycle industriel pour devenir un nouveau produit. Dès lors que l'industrie imitera la nature, une croissance non polluante sera possible.

13

Éviter les fausses routes

On ne peut pas dire que les pouvoirs publics restent inactifs face au réchauffement climatique. Sauf exception, les États se sont donné des objectifs ambitieux de réduction des émissions. Des politiques variées d'incitation, de taxation et d'interdiction voient le jour. On peut se féliciter de cette ébullition.

Mais à y regarder de près, certains choix laissent perplexes. On avance à tâtons. On manque d'analyse et d'étude d'impact. Les décisions sont empreintes d'*a priori*, de raccourcis, d'influences privées et parfois de démagogie.

La priorité absolue au déploiement de l'éolien, présentée comme un grand bond en avant, illustre ces tâtonnements. Ce choix est largement inspiré par le modèle allemand. De tout temps, les écologistes d'outre-Rhin ont voulu se débarrasser du nucléaire. On lui prête tous les maux. Pour le remplacer, il fallait trouver une énergie de substitution. C'est dans ce cadre que l'éolien est devenu le fer de lance de cette ambition de disparition du nucléaire. Rapidement, des industriels sont venus prêter main-forte au grand projet éolien. Les lobbies ont fait leur œuvre, et les financements européens et nationaux sont arrivés par milliards. Même la France s'y est mise avec une ambition trop longtemps assumée de démantèlement progressif des centrales nucléaires au profit de l'éolien. Fessenheim ferme tandis qu'on voit fleurir des éoliennes partout, y compris au sein de paysages exceptionnels comme ceux de la montagne Sainte-Victoire ou des abords du marais poitevin.

Pourtant, le bénéfice carbone des éoliennes est criblé de doutes. Comme évoqué au chapitre 10, le principal sujet, c'est l'intermittence de la production. Pour faire face aux périodes sans vent, on est obligé de construire et d'entretenir en doublon des centrales thermiques qui fonctionnent pour la plupart au gaz. Dans le même temps, s'il y a soudainement trop de vent, on produit une électricité sans utilité, qui ne vaut rien sur le marché et détruit l'empreinte carbone de la « production utile ». Tant qu'on n'a pas de solution pour stocker de façon efficace de l'électricité, l'éolien et le photovoltaïque demeurent des solutions très critiquables, en absolu comme en relatif.

Dans un article très détaillé du 6 novembre 2017, « 100 % renouvelable pour pas plus cher, fastoche ? »,

Jean-Marc Jancovici a produit une analyse retentissante au sujet du coût d'un passage à 100 % énergies renouvelables (EnR). En prenant en compte l'impact de l'intermittence des EnR, il estime que 4 000 milliards d'euros d'investissement sont nécessaires pour assurer à la France un siècle de consommation électrique d'origine éolienne. Pour du 100 % photovoltaïque, il faudrait 7 000 milliards. Avec le nucléaire, seuls 600 milliards d'investissements sont suffisants. En coût complet, il calcule que le passage aux EnR pourrait provoquer la multiplication par dix de la facture électrique. Celle-ci pourrait passer de 3 % à 30 % des revenus des ménages dans un scénario 100 % EnR. Finalement, Jancovici critique l'ambition environnementale française qui vise à remplacer à grands frais une énergie compacte et sobre en carbone, le nucléaire, par d'autres sources d'énergies sobres en carbone, les EnR. Et il détaille tout ce que l'on pourrait faire d'utile à la planète avec le montant d'investissement inutile actuellement déployé sur ces EnR. Pour Jancovici, on fait clairement « fausse route » face à l'urgence du réchauffement climatique.

En 2019, la Cour des comptes s'est émue du soutien financier apporté par l'État français aux EnR : éolien et photovoltaïque. Elle chiffre à 121 milliards d'euros les subventions « tarifaires » apportées par la puissance publique, et s'étonne de la faible contribution ajoutée en retour à la production nationale. Pour la Cour des comptes, les choix n'ont pas été évalués de façon « rationnelle ». Avec 121 milliards, on peut construire seize réacteurs EPR selon les dernières réévaluations d'EDF. Cela permettrait d'ajouter 26 GWh (gigawatts-heure) de capacité, soit près de la moitié de l'existant, et de compenser en partie la disparition souhaitable et inévitable des hydrocarbures.

Le nucléaire permet à la France de bénéficier d'une électricité à bas coût et de compter parmi les pays les moins émetteurs de CO_2. Cette ressource est parfaitement ajustable à la demande avec une modulation possible jusqu'à 80 % de la puissance d'une centrale en moins de trente minutes. C'est pourtant un des pays où il est le plus critiqué. Cette énergie continue, bon marché et largement décarbonée, assure 75 % de notre consommation. Mais voilà, le nucléaire, ce n'est pas populaire.

Tout d'abord et de façon incroyablement erronée, selon un sondage BVA de juin 2019, 69 % des Français pensent que le nucléaire est une ressource émettrice de gaz à effet de serre. Ce chiffre est encore supérieur parmi les jeunes générations. L'inoffensif panache de vapeur des centrales est communément confondu avec la dangereuse fumée des centrales à charbon. On croit qu'il pollue, qu'il réchauffe l'atmosphère. L'ignorance est là. Les acteurs du nucléaire, mais également nos enseignants, semblent rester passifs face à cette ânerie.

Ensuite, il y a l'imaginaire des accidents avec les terribles souvenirs de Tchernobyl ou de Fukushima.

On leur attribue volontiers des dizaines de milliers de morts. Pourtant, à Fukushima, de source officielle, on ne déplore qu'un seul décès par exposition aux radiations. Les 19 000 morts annoncés ont été victimes du tsunami. Et à Tchernobyl, les choix technologiques hasardeux et le manque de précautions dans la gestion de la crise expliquent les trente morts que reconnaît officiellement l'ONU (UNSCEAR). L'explosion de l'usine AZF de Toulouse, qui n'a pas eu un retentissement mondial, a causé trente et un décès. Et on ne répètera jamais assez que l'industrie nucléaire française a causé bien moins de victimes que l'exploration minière du charbon, ou même que l'hydroélectricité. En 1959, la catastrophe du barrage de Malpasset tuait 421 innocents. On a oublié tout cela. Parce qu'il fut initialement une arme de destruction massive, utilisé contre des populations civiles, le nucléaire fait peur. Mais la réalité demeure que le nucléaire civil existe depuis longtemps, et fait peu de victimes.

Enfin, il y a la terrible question des déchets, que les antinucléaires brandissent à tout-va. On parle de 30 000 m³ par an. Les centrales sont réparties dans tout le pays, et il existe plusieurs sites de traitement et de stockage des déchets, dont deux pour la « haute activité ». J'habite en France et j'y circule depuis cinquante-trois ans. Jamais je n'ai croisé un seul convoi de transport de déchets nucléaires. Mes amis non plus. Il doit y avoir une explication. La réalité, c'est que ce volume de déchets demeure modeste à l'échelle du pays. Le nucléaire est d'abord une énergie concentrée. Peu d'espaces occupés. Peu de matériaux. Si la SNCF utilisait 100 % d'électricité nucléaire pour transporter son 1,7 milliard de voyageurs, le total des déchets radioactifs de haute activité produit en conséquence atteindrait seulement 200 kilos par an, contre 700 000 tonnes de cendres avec de l'énergie électrique issue du charbon. L'addition de tous les déchets nucléaires français (EDF, hôpitaux, armée…) représente le volume de dix piscines olympiques par an, qu'il s'agisse de déchets de courte ou longue vie, de haute ou faible activité. Or les déchets nucléaires réellement problématiques sont ceux de moyenne activité et de longue vie, ou ceux de haute activité. L'ensemble de ces déchets dangereux, accumulés depuis soixante-dix ans de production, tient dans une unique piscine olympique, selon les données de l'Agence nationale pour la gestion des déchets radioactifs (Andra). Pardon, mais cela apparaît gérable dans un pays de 543 940 km².

À l'heure où la production électrique doit doubler, pour remplacer les énergies fossiles, le retour du nucléaire est incontournable. Le président Macron en a pris la mesure en octobre 2021, puis à nouveau en février 2022, en annonçant courageusement de nouveaux équipements. Mais dans le même temps, le gestionnaire du réseau de transport d'électricité, RTE, analysait six scénarios dans son étude « Futurs énergétiques 2050 ». De façon inattendue, aucun des six scénarios ne plaçait le nucléaire au-dessus de 50 % de la ressource, alors que le nucléaire est à 75 % aujourd'hui. Dans tous les scénarios étudiés, la part relative du nucléaire est en baisse. Les antinucléaires ont encore de beaux jours dans notre pays. Leur influence dans les plus hautes sphères de l'État reste considérable tant on a martelé depuis vingt-cinq ans que cette solution n'était pas écologique.

Pour trouver le modèle antinucléaire par excellence, il faut franchir le Rhin. En Allemagne, l'abandon progressif du nucléaire a été décidé dès le début des années 2000 par le gouvernement de Gerhard Schröder. Mais en 2011, trois mois après la catastrophe de Fukushima, le calendrier est drastiquement accéléré. Sous la pression d'une population nourrie aux images du désastre nucléaire japonais, la chancelière allemande, Angela Merkel, décide l'arrêt définitif du nucléaire d'ici 2022. Cette énergie représentait alors 22 % de la production d'électricité. Dix ans après, les résultats sont là, la part du nucléaire a été divisée par deux dans la production d'électricité. L'Allemagne a considérablement investi dans le solaire et l'éolien pour atteindre 30 % de la production d'électricité. Mais le manque à combler laissé par la disparition précipitée du nucléaire était trop important. La puissante industrie allemande a besoin d'une électricité continue. Les usines ne vont pas s'arrêter de tourner parce qu'il n'y a plus de vent en Europe. C'est donc le charbon et dans une moindre mesure le gaz qui font la jointure et soudainement ressortent gagnants de l'acharnement contre le nucléaire. L'objectif de sortir du nucléaire a été fixé à 2022, contre 2038 pour le charbon. Puis, devant le scandale de cette inversion des priorités, on a révisé récemment à 2030 la sortie du charbon. Mais sans relance du nucléaire, cela semble difficile à réaliser, sauf à se livrer corps et âme au gaz russe…

L'Allemagne se veut un exemple dans le développement des énergies renouvelables mais reste le plus gros émetteur de CO_2 en Europe. Face au réchauffement climatique, elle a clairement fait les mauvais choix en refusant l'évidence. Elle est la preuve que se passer soudainement du nucléaire, c'est retarder dramatiquement la transition vers le bas carbone et prendre du retard par rapport aux autres. En 2020, alors que la France progressait dans la fermeture de ses dernières centrales à charbon, une nouvelle centrale ouvrait dans la petite ville de Datteln en Allemagne, au nord de Dortmund. Un investissement considérable de 1,5 milliard d'euros pour 1 100 MW de puissance. La centrale toute neuve engloutit chaque année 3 millions de tonnes de charbon et envoie 5 millions de tonnes de CO_2 dans l'atmosphère[1]. Tout cela jusqu'en 2038 au moins. Un écocide. Un vrai.

Parmi les fausses pistes communément répandues, il y a aussi les raccourcis. La confusion entre performance énergétique et performance bas carbone est

1. Jean-Marc Jancovici, « À quoi sert le charbon », en ligne : jancovici.com/transition-energetique/charbon/a-quoi-sert-le-charbon/

un classique du genre. En fait, depuis longtemps, le « bruit ambiant » nous fait croire qu'en économisant des kilowatts-heure, on s'inscrit automatiquement dans une démarche de réduction des émissions carbone. Pourtant, le lien entre l'un et l'autre est loin d'être automatique.

Prenons l'exemple de la réglementation thermique de 2012. Présentée comme un bond en avant considérable, cette réglementation vise à la réduction de la consommation d'énergie primaire par mètre carré. Par un paradoxe inattendu, son aveuglement sur les questions d'émission de carbone a abouti à favoriser des immeubles en béton, chauffés au gaz, par rapport à des immeubles en bois, chauffés à l'électricité *made in France* largement décarbonée. La recherche de moins de kWh/m^2 motivait les industriels en place mais conduisait à émettre plus de CO_2/m^2. Un modèle de fausse piste.

Dans un pays producteur d'électricité nucléaire décarbonée, comment en est-on arrivé à préférer le gaz, émetteur de carbone, dans une réglementation environnementale ? Tout est une question d'arithmétique. L'électricité est pénalisée par le coefficient d'énergie primaire par rapport au gaz : en fait, on sanctionne les pertes d'énergie entre la production (primaire) et la consommation finale. Cela a du sens quand l'électricité provient des centrales à gaz ou à charbon. Mieux vaut brûler du gaz directement chez soi que de le transformer en électricité pour ensuite se chauffer. Mais pour ce qui concerne l'énergie nucléaire, cette perte est largement sans effet sur le climat, tandis que le choix du gaz traditionnel accroît nos émissions. Le béton, quant à lui, est favorisé dans les calculs par rapport au bois au prétexte de son prétendu confort d'été durant les périodes de canicule. Plus on met de béton, plus l'inertie du bâtiment augmente. L'idée ultra-simpliste est de pouvoir piéger le froid dans les murs pendant les nuits d'été, et d'avoir frais dans la journée, sans avoir besoin de climatiser. Mais dans les faits, ce confort n'existe pas. Pendant les canicules, le béton se gorge rapidement de chaleur et rayonne. Et c'est plutôt un inconfort que le stockage de la chaleur dans le béton entraîne, avec les « îlots de chaleur » dont il est responsable. On n'arrive plus à faire baisser la température des chambres la nuit, même quand la fenêtre est ouverte. Au-delà des questions de confort, la RT2012 oubliait que le béton est un puissant émetteur de CO_2. Elle pénalisait l'usage du bois issu de la photosynthèse qui dispose d'une empreinte inversée de stockage du carbone. Cette situation est là aussi impensable pour une norme qui se dit « environnementale ».

Avec d'autres collègues de l'immobilier, je me suis engagé pour combattre ces inepties. La nouvelle réglementation RE2020 qui remplace la RT2012 contient enfin des paramètres de calcul de l'empreinte carbone sur le cycle de vie des bâtiments. Mais les vieux calculs de la RT2012 n'ont pas disparu. Notre inertie est là. Le scandale du confort d'été perdure. Même si l'écart a été un peu réduit, le gaz continue d'être avantagé sur l'électricité. Le CO_2/m^2 vient en complément de l'ancien dispositif de kWh/m^2 d'énergie primaire dont on ne sait plus trop comment se débarrasser. Les deux paramètres comptent. Un seul pourtant permettra de sauver la planète.

À propos du CO_2, le système des « quotas gratuits » d'émissions est également un sujet de doute. Dénoncé par la Cour des comptes européenne et l'organisation Carbon Market Watch (CMW), ce mécanisme offre des « droits à polluer » aux grands émetteurs du secteur du ciment, de la sidérurgie, de la chimie… L'idée était d'assurer une heureuse transition et d'éviter les délocalisations. Les quotas sont tout d'abord gratuits, avant de devenir payants. Si l'industriel baisse ses émissions, il dispose d'excédent de quotas qu'il peut monétiser. Au lieu (ou en attendant) de taxer les émissions, l'Europe subventionne ainsi les réductions. Pourquoi pas… Mais, comme souvent, les idées les plus sophistiquées se heurtent à la complexité de leur mise en œuvre. C'est ainsi que l'on reproche au mécanisme d'échanges de quotas d'émission carbone d'avoir permis aux entreprises de réaliser près de 50 milliards d'euros de bénéfices sur la période 2008-2019, pour une baisse limitée à seulement 0,4 % par an des émissions de CO_2. Le système a créé un effet d'aubaine pour les principaux émetteurs de CO_2. De sources concordantes, ces derniers auraient surévalué leurs émissions, et peuvent ainsi revendre à prix élevés les quotas excédentaires. Les médias se sont même fait l'écho de cimenteries Lafarge fermées à l'exploitation, qui continuaient à recevoir des quotas de compensation pour des émissions inexistantes.

Depuis le rachat des Ciments français et de Lafarge, l'entreprise Vicat est le dernier cimentier français indépendant. Il s'agit d'une réussite remarquable du secteur, merveilleusement gérée et très profitable. Elle a annoncé être à la tête de quotas d'émissions gratuites représentant 5 millions de tonnes de CO_2, soit une valeur de plus de 250 millions d'euros. Selon la direction, cela permettra au groupe d'être « en position excédentaire jusqu'en 2030 ». Même si le groupe déploie des efforts en abandonnant le charbon au profit de combustibles alternatifs pour produire du ciment, la question se pose de savoir si la transition vers le bas carbone a été accélérée par l'argent des quotas, ou au contraire ralentie par de confortables droits à polluer qui ont été conférés pour la longue durée. Qu'aurait fait notre champion Vicat sans les quotas ? Mon instinct me dicte que cette magnifique société aurait d'ores et déjà trouvé les solutions pour proposer des matériaux de construction bas carbone, produits à grande échelle.

Si ces dérives étaient avérées, le système des quotas aura abouti à enrichir sans cause les industriels les plus polluants, renforçant leur position compétitive par rapport aux nouveaux entrants qui développent des solutions innovantes, réellement bas carbone. L'Europe aura en fait ralenti l'inévitable transition schumpétérienne vers les solutions bas carbone qu'elle voulait promouvoir. Le système des quotas gratuits ne peut pas durer et il est utile que l'Union européenne le revoie rapidement, ce qui semble prévu.

Lutter contre les émissions de CO_2, gaz invisible, inodore et qui ignore les frontières, c'est avant tout mesurer les émissions directes ou indirectes. C'est là que la science encore jeune de la mesure physique des émissions rencontre le législateur qui les attribue à tel ou tel processus industriel.

La question n'est pas simple : à qui imputer les émissions ? À celui qui fabrique le produit ? À l'électricien qui a fourni de l'électricité plus ou moins carbonée nécessaire à la fabrication du produit ? À celui qui va récupérer le produit en fin de vie pour le recycler ?

Cette question épineuse a reçu des réponses assez déroutantes.

L'analyse du cycle de vie d'un produit ou d'un bâtiment par exemple (norme EN 15804) s'inscrit dans une démarche logique et vertueuse. Tout ce qui rentre dans l'analyse du produit doit en sortir à la fin du cycle de vie, soit sous forme de déchet, soit sous forme de matériau réemployable. C'est un principe qui semble incontournable et qui a comme mérite, si l'on prend l'exemple d'une centrale nucléaire, de ne pas mettre sous le tapis la question de la déconstruction de la centrale et ses matériaux potentiellement radioactifs.

Mais cette logique implacable aboutit à des conclusions surprenantes pour le cas des matériaux biosourcés. La captation de CO_2, ce fameux « carbone biogénique » stocké dans les puits de carbone naturels que sont les arbres, se trouve comptabilisée en entrée du cycle de vie, sous la forme d'un nombre négatif (il s'agit en effet d'une captation et non d'une émission). À la fin du cycle de vie, on simule par convention un largage intégral du CO_2 stocké, comme si l'intégralité des structures constituées de matériaux biosourcés était condamnée à une inéluctable destruction par le feu. C'est évidemment à l'opposé de la réalité, car non seulement la longévité des bâtiments excède largement la durée conventionnelle d'étude du cycle de vie (cinquante ans), mais encore, à supposer que l'on décide de démonter un bâtiment à structure bois, il existe bien des façons de réemployer ses éléments constitutifs sans les brûler. Et on peut espérer que dans un monde qui compte le CO_2, personne ne s'amuse à larguer dans l'atmosphère le carbone stocké dans des matériaux issus de végétaux, tant qu'ils sont recyclables.

Derrière ce paradoxe, on voit bien la limite de l'application de la norme qui fait loi alors que le biosourcé est incontestablement plus délicat et coûteux à mettre en œuvre – et s'oppose frontalement aux industries bien en place. Il est pénalisé par l'application de ce calcul qui ne reflète rien de réel. Considérer les matériaux biosourcés comme des déchets, en fin d'analyse du cycle de vie du bâtiment, est non seulement une ineptie mais cela dissuadera toutes les initiatives de réemploi.

Une autre bizarrerie de l'application de l'analyse du cycle de vie est illustrée par l'imputation des émissions de CO_2 liées aux déchets d'une industrie. C'est ainsi que le chauffage urbain parisien revendique plus de 50 % d'énergies renouvelables (et de récupération). Cette expression pudique cache le fait que le CO_2 émis par la combustion des ordures ménagères n'est tout simplement pas pris en compte dans le bilan du chauffage, puisqu'il est censé être inclus dans celui des industriels qui ont fabriqué ces produits finissant au rebut.

Au rang des fausses pistes, on comptera aussi ce qui relève des méthodes arbitraires de la comptabilité carbone. Si vous voulez améliorer le calcul de votre empreinte carbone, vous devez utiliser des matériaux à faible contenu carbone. Dans le bâtiment, ce sont les « fiches de déclaration environnementale et sanitaire » (FDES) qui font foi. Elles donnent une mesure du poids carbone de chaque matériau. Certains bétons sont annoncés bas carbone dans ces fiches d'évaluation à condition d'utiliser des « laitiers », qui n'ont rien à voir avec nos vaches. Ce sont des résidus de l'industrie sidérurgique. Comme ces résidus ne valent presque rien en valeur marchande par rapport à l'acier, on leur attribue par convention une empreinte carbone très faible, de l'ordre de 16 kilos équivalent CO_2 par tonne. Il a été en effet décidé que ce soit le prix attaché à la matière qui permettrait la répartition de l'empreinte CO_2. Si on utilisait la masse du produit au lieu de son prix, ce qui semblerait franchement plus juste du point de vue de la planète, le laitier émettrait… 400 kilos équivalent CO_2 par tonne. Et le béton prétendument bas carbone ne le serait plus. Une étude de l'Association française de génie civil, dont les conclusions ont été reprises dans un article du *Moniteur* de mai 2020, dénonce les manipulations dans l'évaluation de l'empreinte carbone de ces matériaux prétendument écologiques.

Aux côtés du béton, il y a aussi l'acier. Ce sujet n'est pas une manipulation comptable dans l'allocation du poids carbone, mais au contraire l'utilisation d'une moyenne qui refuse tout discernement. Et pour agir dans la bonne direction, il faut des outils fiables de mesure des émissions, qui reflètent la réalité mais aussi induisent des comportements vertueux. Depuis la célèbre vache folle, on sait tracer la provenance d'un beefsteak… Pourquoi ne saurait-on pas aujourd'hui différencier avec précision un produit à faible empreinte carbone d'un produit en apparence équivalent, mais avec des émissions plus élevées ?

L'acier, produit stratégique par excellence, fournit un très bon exemple.

Le procédé historique de fabrication de l'acier, à partir des oxydes de fer (minerai) et du coke (charbon) est résumé ci-après :

$Fe_2O_3 + 3\ C \rightarrow 4\ Fe + 3\ CO_2$.

C'est une réaction chimique qui produit du CO_2.

Les émissions varient de 1 610 à 3 540 kilos de CO_2 par tonne d'élément en acier selon la nature des profils (laminés, reconstitués-soudés ou autres).

Cependant, il existe d'autres techniques de fabrication :

- le recyclage de l'acier dans des fours électriques (qui peuvent avoir un bilan quasi nul, si l'électricité est décarbonée). Cette solution industrielle existe, elle est limitée par la disponibilité de vieux aciers à recycler ;
- la réduction de l'oxyde de fer par l'hydrogène H_2, qui produit de l'eau :
  $Fe_2O_3 + 3\ H_2 \rightarrow 2\ Fe + 3\ H_2O$.
  Il s'agit d'une technologie développée par de nombreux industriels, mais qui est encore en développement et qui demande évidemment de l'hydrogène décarboné. Ces deux solutions ont un bilan carbone très favorable par rapport à la fabrication traditionnelle.

À l'image du beefsteak, dont le consommateur peut choisir la provenance, le bâtisseur devrait pouvoir choisir son acier en fonction de son mode de production et de son bilan carbone. Cela aurait l'énorme avantage pour les pouvoirs publics de favoriser la production à faible bilan carbone sur le sol européen. Au lieu de cela, les données disponibles émises collectivement par les industriels font une sorte de « moyenne mondiale », ce qui leur permet d'écouler toutes leurs productions, indifféremment, sans que les autorités ou les clients puissent exercer une quelconque influence ou incitation sur le choix d'un procédé décarboné.

Et puis, il y a aussi la fausse vraie solution des crédits carbone et de la compensation. Chacun a appris que l'objectif n'est plus seulement de réduire les émissions. La trajectoire est désormais de rendre notre pays – émetteur depuis que l'homme y habite – « neutre » à horizon 2050. Tout le monde cherche donc de la compensation carbone. Le problème, c'est que nous n'avons pas trente-six solutions pour rattraper le carbone que nous avons trop libéré. En fait, la plus facile et incontestable, sur le territoire, c'est la photosynthèse dont nous avons déjà parlé. L'arbre qui croît passe sa vie à manger du CO_2, il rejette l'oxygène et conserve dans son tronc le carbone prélevé. C'est pourquoi planter un arbre, qui va stocker 500 kilos équivalent CO_2 en quarante ans, fait du bien à la planète. D'où l'intérêt soudain (et intéressé) du Cac40 tout entier pour la sylviculture. On ne compte plus les engagements des grandes entreprises sur la plantation d'arbres.

Mais voilà, il y a deux choses qui clochent. D'abord la surface : pour compenser nos émissions nationales avec la seule plantation, il faudrait coloniser chaque année un million d'hectares pour de nouvelles forêts. Dans trente ans, la forêt aura été multipliée par trois et il n'y aura plus un centimètre carré d'agriculture en France. Scénario absurde. Ensuite, il y a le petit sujet de ce que deviendra le nouveau plant dans quarante ans. S'il finit dans une chaudière, c'est dommage : le carbone stocké (pour compenser jadis) rejoindra le ciel aussitôt. Si on laisse l'arbre trop longtemps en forêt, son ombre limitera d'abord la croissance des jeunes pousses alentour, puis il tombera et s'oxydera sous l'effet de la putréfaction. Les arbres ne montent pas jusqu'au ciel. Une forêt mature et inexploitée finit par être globalement neutre du point de vue de ses émissions.

Alors que faire ?

Pour éviter la fausse piste, revenons d'abord au bon sens. La réduction significative des émissions est un objectif tenable qui doit l'emporter sur celui, illusoire, de la neutralité dite « bureaucratique ». Le train, le tram, le vélo peuvent largement remplacer la voiture et l'avion. Les énergies renouvelables font des progrès. La construction bas carbone est désormais possible. On parle de moins 20 %, moins 50 %, moins 70 % d'émissions sur chacune de nos activités. C'est déjà énorme. Viser la neutralité totale, c'est rentrer dans un mécanisme technocratique et incertain de compensation, et permettre aux plus riches d'acheter des « droits à polluer », au lieu de faire leur part d'efforts. C'est une fausse piste. Commençons donc par réduire nos émissions, contrôlons nos consommations et abandonnons aussi vite que possible les quatre ressources les plus émettrices de CO_2 : charbon, pétrole, gaz conventionnel et ciment traditionnel.

Nous disposons aussi d'un deuxième atout majeur : la captation naturelle du carbone. En France, c'est de notre forêt qu'il s'agit. Oui, celle qui existe déjà. Une des plus grandes d'Europe. La forêt française mange, chaque année, 87 millions de tonnes équivalent CO_2. Gratuitement. C'est 19 % de toutes nos émissions. Mais ce stock de carbone est abandonné pour la moitié à la putréfaction, car jamais récolté. L'autre moitié est principalement destinée à des usages « courts » : chauffage, emballage, mobilier, parement… rapidement réémetteurs. Si on arrivait à récolter le carbone stocké par nos vieux arbres avant qu'ils ne tombent et à le protéger de toute oxydation, on mettrait en place un véritable « puits de carbone ». Deux possibilités pour y arriver : enfouir ce carbone, un peu comme du charbon, et le laisser reposer à l'abri de l'oxygène. C'est assez compliqué (et cher), tout de même. L'autre réponse, c'est l'usage long du carbone récolté : le bois de construction, pour remplacer le gros œuvre réalisé aujourd'hui avec du béton (très émetteur), est une solution évidente. Avec la construction bois, on stocke dans nos murs des quantités considérables de carbone, protégées pour des centaines d'années. Évidemment, un nouvel arbre viendra pousser à la place de celui récolté pour réalimenter ce cycle vertueux, durablement.

En s'engageant juridiquement sur un usage long de leur production, nos forestiers pourraient d'ores et déjà valoriser, en euros, et sans mentir, la photosynthèse quotidienne de leurs arbres vivants. Car il ne s'agirait pas d'un retardement d'émission mais bien d'un stockage pour des siècles. Un scénario un peu plus solide que de planter des arbres sur des sols indisponibles, pour les destiner à des avenirs invérifiables. Voilà une vraie piste pour la compensation des émissions. Elle n'est pas vraiment reconnue officiellement.

Pour que la filière industrielle française du bois soit performante, il faut que la gestion de nos forêts soit à la hauteur de l'enjeu. Mais la forêt française se déchire aujourd'hui sur des débats stériles. L'idéologie l'emporte souvent sur le bon sens. On l'a dit, la forêt n'est mobilisée qu'à hauteur de la moitié de son potentiel de croissance naturelle. Les filières sont complexes et assez inefficaces. Plus de trois ministères se préoccupent de la filière forêt-bois, produisant chacun leur propre complexité et rejetant les uns sur les autres la cause de nos faiblesses.

Les citadins estiment que les forêts sont des terrains de promenade ou des sanctuaires de biodiversité : des voix s'élèvent contre les bûcherons dès que le bruit d'une tronçonneuse se fait entendre. On oppose les résineux aux feuillus. On lutte contre les coupes rases. On sur-réglemente en imposant aux propriétaires de forêts des « plans simples de gestion » qui n'ont rien de simple et nourrissent une abondante bureaucratie, avec des contrôles *a priori* et *a posteriori*. La plantation d'arbres, au-delà d'une surface aussi petite qu'un demi-hectare, est soumise en France à une autorisation pouvant nécessiter une étude d'impact, menée par la Direction départementale des territoires (DDT) au nom du préfet.

Le « label bas carbone » qui permet aux forestiers de valoriser par la vente de crédit carbone la capture du CO_2 dont ils sont acteurs n'est pas simple. Les plantations ou la reconstruction de forêts dégradées sont soutenues. Mais les tracasseries pour obtenir le label sont telles qu'il coûte plusieurs centaines d'euros par hectare. Les critères d'attribution, dont les paramètres semblent assez simples à évaluer, ont été dilués dans des quantités d'informations et de vérifications futiles dont l'objet semble l'entretien d'emplois publics et parapublics. Dans le même temps que la bureaucratie écologique gagne, on regrette que notre filière industrielle ne soit pas assez performante, que nos meilleurs arbres soient achetés par des industriels chinois, et que notre balance commerciale soit sévèrement déficitaire. L'excès de bureaucratie menace ici de transformer une vraie solution en fausse piste.

L'automobile a aussi sa fausse piste bas carbone : les moteurs hybrides. On sait que le moteur thermique est condamné. La France lui a donné jusqu'en 2040. L'Europe s'interroge sur 2035, avec la nouvelle norme Euro 7.

Dans ce contexte, les constructeurs se sont déjà largement engagés sur les moteurs hybrides rechargeables qui permettent de faire maigrir les émissions de CO_2 de plus de 75 % selon les modes de calcul réglementaire.

En France, l'hybridation rechargeable permet aux gros moteurs d'éviter les taxes. Celles-ci sont fonction du taux d'émission de CO_2 par kilomètre. Elles s'échelonnent de 50 euros à 40 000 euros par véhicule, à compter d'un seuil de 128 grammes de CO_2 par kilomètre.

L'hybridation permet de descendre facilement en dessous de ce seuil fatidique de 128 grammes de CO_2. Mais voilà, la réalité des émissions est le plus souvent très éloignée de ces chiffres. Dès lors que l'on dépasse l'autonomie électrique (30 à 60 kilomètres), ou pour peu qu'on n'ait pas pu recharger les batteries, c'est le thermique qui prend le relais. Mais ce moteur est sur-sollicité par le poids considérable du véhicule, du fait des batteries et du deuxième moteur électrique. Là où l'ancienne voiture consommait 7 litres aux 100 kilomètres, on repasse aisément à plus de 10 litres aux 100 kilomètres dès qu'on en a fini avec la modeste autonomie électrique. Au total, l'automobile hybride rechargeable s'avère beaucoup plus polluante que l'automobile thermique pour les trajets extra-urbains, au point que l'Union européenne s'interroge aujourd'hui sur son interdiction pure et simple.

Exemple type de la fausse piste écologique.

La solution qui est aujourd'hui privilégiée, c'est le tout-électrique. Je ne suis pas assez savant pour déterminer si ce choix que veut faire l'Europe la place en avance par rapport à la Chine ou aux États-Unis, ou si – au contraire – elle condamne son industrie automobile. Des voix qualifiées comme celles de Carlos Tavares, le patron de Stellantis

(Peugeot-Citroën et Fiat-Chrysler réunis) critiquent la stratégie européenne. Socialement, la voiture électrique posera problème. Écologiquement, elle a aussi des faiblesses. Selon ce dirigeant, il faut lui faire rouler plus de 70 000 kilomètres pour que son empreinte carbone devienne meilleure que le thermique, du fait de la fabrication des batteries. La question demeure aussi celle du mix énergétique : rouler en électrique dans un pays qui produit son électricité avec du charbon ou du gaz conventionnel, comme en Allemagne, n'a pas beaucoup de sens du point de vue de la maîtrise des émissions.

Le tout-électrique revient donc à une incantation, un pari. Celui que nous aurons massivement accès avant 2035 à une électricité propre et son réseau de recharge rapide. Celui qu'on saura stocker l'énergie renouvelable ou relancer le nucléaire, recycler les batteries, et que la technologie aura progressé pour faire des voitures plus légères. On veut bien y croire, mais en attendant, comme me le confiait un grand capitaine de l'industrie automobile, on peut regretter d'avoir totalement abandonné le diesel à l'heure où on arrive à le rendre sobre et surtout plus propre. Le moteur thermique à 2 litres aux 100 kilomètres, associé à un renouvellement accéléré du parc, aurait pu constituer une alternative, à titre transitoire au moins.

En matière d'automobile électrique, l'Europe semble choisir la transition… sans transition.

Espérons qu'elle ne fasse pas fausse route.

14

Qui trop embrasse mal étreint : le cancer galopant de la démultiplication des objectifs

Ce qui frappe le plus en matière d'écologie, c'est la faiblesse du discernement. Presque toutes les préoccupations sont placées sur le même plan. On refuse la hiérarchie. Tout semble égal. Or il fait assez peu de doute aujourd'hui qu'une préoccupation devrait dominer toutes les autres. C'est celle du réchauffement climatique. Ce n'est point qu'il ne faille pas se mobiliser pour préserver l'eau, recycler nos déchets, cultiver nos propres radis, installer des nichoirs à oiseaux ou construire des hôtels à insectes, mais il demeure que si on ne coche pas d'abord la case de la baisse des émissions de gaz à effet de serre, nous finirons tous grillés. Et ce jour-là, on regrettera peut-être de ne pas avoir fait le tri entre l'essentiel, l'utile et l'accessoire.

Quand un accidenté arrive aux urgences, on se préoccupe d'abord des fonctions vitales. Cela ne veut pas dire qu'on ne soignera pas ses membres abîmés, ni même les plus petits bobos. Tout sera soigné. Mais les priorités sont clairement établies. Il y a un ordre.

Revenons aux entreprises. Elles n'échappent pas à la grande confusion de l'ordonnancement des objectifs. Il leur est désormais demandé de progresser sur les critères ESG tous ensemble, en même temps. « E » comme environnement, « S » comme social, et « G » comme gouvernance. Qu'on ne me demande pas pourquoi ces trois objectifs, chacun honorable, ont été mélangés... Mais c'est ainsi. On dispose donc désormais d'un « directeur de la responsabilité sociétale des entreprises (RSE) ». Le même s'occupera le matin de faire trier les ordures et l'après-midi de la parité hommes-femmes dans les postes à responsabilité. En fait, il s'occupera de tout ce que la société demande à l'entreprise de faire dans le domaine du « bien ». Car l'entreprise du XXIe siècle n'est plus simplement une machine à créer des profits, des emplois et de la ressource fiscale. On exige d'elle beaucoup plus. L'intérêt général, autrefois un privilège d'État, s'invite de nos jours dans la sphère privée. L'entreprise doit désormais faire du bien à la communauté. Il faut qu'elle rende des comptes sur les bienfaits apportés aux fameux *stakeholders* qui désignent les « parties prenantes » qui l'entourent, l'animent et la font vivre : salariés, clients, fournisseurs, collectivités, etc.

Des objectifs ESG seront fixés pour et par les entreprises elles-mêmes. Et leur satisfaction fera l'objet de rapports, de communication et même de bonus pour les patrons. Ces derniers n'y sont d'ailleurs pas nécessairement hostiles. Il est souvent plus facile d'atteindre un objectif ESG, fixé raisonnablement, que de gagner des parts de marché, de contrôler ses coûts ou d'inventer un nouveau produit. Parmi ces objectifs, il n'y aura pas que des chiffres, des évaluations « qualitatives » auront lieu. Le qualitatif est rarement sanctionné par un 0/20. On prendra également soin que ces objectifs ESG soient multiples, « multicritères ». Si on perd sur une mesure, on se refera sur une autre. Et à la fin, cela fera un bonus sympathique pour les dirigeants, quelle que soit la conjoncture ou la performance économique. Les objectifs RSE, c'est un peu le jackpot pour les patrons, quoi qu'il arrive. Les parts variables corrélatives sont presque stables d'une année sur l'autre.

En matière d'écologie de l'immobilier, un secteur responsable de 30 % des émissions de CO_2, on pratique également la dissémination des objectifs. Les labels environnementaux qui fleurissent sont multicritères. Tout y est mélangé. L'empreinte carbone est largement ignorée, ou réduite à portion congrue. Elle est diluée dans des dizaines d'autres critères. Ainsi, le fameux label BREEAM[1] compte neuf thèmes différents – la gestion des opérations, le

1. Building Research Establishment Environmental Assessment Method, ou Méthode d'évaluation des performances environnementales des bâtiments.

bien-être et la santé, l'énergie, le transport, l'eau, les matériaux, les déchets, le paysage et l'écologie ainsi que la pollution –, eux-mêmes divisés en indicateurs et sous-indicateurs multiples et variés, chacun permettant de gagner des crédits. On encourage, entre autres, la mise en place d'un guide d'utilisation, l'engagement d'un acousticien, une puissance électrique minimale (élevée) de l'éclairage, la réduction de la pollution visuelle nocturne, la proximité d'une école, la consultation des tierces parties prenantes au projet en mairie, l'envoi de lettres aux voisins, l'indication des toilettes, le respect des prescriptions d'un écologue, la protection des espèces animales, la qualité de l'air intérieur, et j'en passe. Ce qui saute aux yeux, c'est l'hétérogénéité et la pertinence assez inégale de ces divers indicateurs. Tous ces critères sont louables, mais vouloir les atteindre chacun dans le même temps, et sans discernement, finit par nous détourner de l'essentiel : la quête du bas carbone.

Une fois encore, je ne conteste pas l'utilité de l'indication des toilettes, et j'entends bien que nos immeubles doivent s'améliorer sur bien des points relevés par ce type de labels, mais je conteste que ces critères soient mis à égalité avec la question primordiale des émissions des gaz à effet de serre. Je conteste que la question de l'empreinte carbone du bâtiment, calculée sérieusement sur le cycle de vie, ne prenne pas sa place au-dessus de toutes les autres préoccupations. Seulement six crédits, sur la centaine de crédits à atteindre pour le label BREEAM, sont accordés à l'empreinte carbone, tandis que l'on peut aisément obtenir un à trois crédits en se contentant de missionner et suivre les recommandations d'un écologue, qui coûtera 5 000 à 8 000 euros, et nous conseillera probablement d'installer des nichoirs à oiseaux, de créer des hôtels à insectes ou encore des gîtes pour chauve-souris.

Il y a quelques années, nous engagions avec mon entreprise WO2, le projet de construire le plus grand campus en bois, bas carbone, jamais réalisé dans le monde. Démonstration taille XXL qu'un autre urbanisme de bureaux est possible, les 126 000 m^2 de l'Arboretum vont s'étendre sur un parc privé de 9 hectares, en bordure de Seine à Nanterre – La Défense. Bâtiment bas carbone labellisé « excellent », cet ensemble utilise la géothermie comme source d'énergie et le bois massif CLT comme principal matériau de construction. Le terrain que nous avions acheté était l'ancien site industriel d'une papeterie abandonné depuis dix ans, entièrement bétonné et dénué de toute végétation hormis les mauvaises herbes qui poussaient çà et là entre béton et bitume. Cette friche en milieu urbain ne pouvait pas être confondue avec un espace naturel à protéger. C'était compter sans le zèle de notre administration. À notre plus grande stupéfaction, le diagnostic « faune et flore » réalisé sur une année entière a découvert trois espèces rares au milieu de la pollution des ferrailles et des flaques d'huile : un criquet nommé œdipode turquoise, un papillon « demi-deuil » et un lézard dit des « murailles ». À cet inventaire se sont ajoutées trois espèces de chiroptères et six espèces d'oiseaux. La défense de la biodiversité a trouvé là une cause majeure. L'autorité environnementale, devenue indépendante de tout contre-pouvoir, n'a pas voulu considérer que le projet, qui rendait à la nature 100 000 m² de végétation en pleine terre, était suffisamment favorable à l'environnement. Elle a exigé la stérilisation de 3 800 m² de terrain prétendument nécessaire à la préservation des espèces rares identifiées, en plus de diverses impositions sur la conduite du chantier. C'est ainsi que la multiplicité des objectifs écologiques finit par contraindre les projets les plus porteurs d'espoir dans la lutte contre le réchauffement climatique. Le retour de la nature, du végétal et de quelques édifices en bois, en lieu et place d'une friche industrielle abominable, n'a pas provoqué de grande émotion, au sein de la bureaucratie environnementale. Cette dernière a déroulé sans discernement son implacable processus. Mais peut-être est-ce le propre de la bureaucratie.

Je suis sensible à la cause de la biodiversité. Mais je ne vois pas, dans nos villes, de sujets majeurs de préoccupation. Et dans nos campagnes et nos forêts, j'observe qu'il n'y a jamais eu autant de faune sauvage, et que les insectes, et donc les oiseaux et les lézards, semblent depuis peu revenir, avec la baisse de l'usage des pesticides les plus dangereux. C'est un vrai progrès. Le sujet de la biodiversité, c'est d'abord celui de la pollution des océans et des rivières, que nous confondons trop souvent avec des décharges publiques. C'est celui de la déforestation au Brésil, au Paraguay, en Indonésie ou à Madagascar. C'est aussi celui de l'adaptation de notre forêt européenne au réchauffement climatique. C'est là où il y a urgence. Le brave coléoptère arrivé par erreur dans une friche industrielle fraîchement abandonnée de la ville de Nanterre ne mérite pas nécessairement une telle débauche d'efforts de préservation.

Je n'en veux pas aux acteurs de l'autorité environnementale, ils font leur métier avec engagement. Mais je ne peux m'empêcher de mesurer ce que nous pourrions faire pour l'environnement réellement menacé, avec toute cette énergie, ces talents et ce déploiement de moyens financiers. Imaginons les tonnes de plastique que l'on pourrait extraire des océans. Mesurons ce que l'on pourrait réaliser pour protéger les espèces, réellement menacées, des rivières, des milieux humides et des océans. Pensons aux hectares de forêt équatoriale que nous pourrions préserver. Réfléchissons aussi aux analyses fines que nous pourrions réaliser et diffuser sur la mesure exacte de nos empreintes carbone et aider ainsi à changer pour de vrai nos comportements. Tout est une question de moyens financiers à la fin. Et nos moyens ne sont pas infinis.

Dans cet ouvrage, je milite, on l'aura compris, pour un grand thermomètre national de mesure indépendante et indiscutable de l'empreinte carbone (voire de tout gaz à effet de serre) de chaque produit. C'est pour moi la seule manière de se concentrer sur l'essentiel, au détriment de l'accessoire, et d'agir activement sur les comportements des entreprises et des particuliers. Une relectrice avisée m'a indiqué que cet appel avait d'ores et déjà été entendu. L'article 2 de la loi Climat et Résilience (août 2021) met en place une phase d'expérimentation (de cinq ans maximum) pour la définition d'un affichage environnemental sur les biens et services (habillement, mobilier, alimentaire, hôtellerie, produits électroniques...). La loi précise qu'il faudra prendre en compte « l'impact environnemental des biens et services considérés sur l'ensemble de leur cycle de vie ». Ainsi, les projets proposés dans l'alimentation s'appuient sur l'analyse du cycle de vie (ACV) des produits alimentaires réalisée par l'Ademe. C'est une ACV multicritère qui prend en compte près de quatorze indicateurs (carbone, particules fines, eau, etc.) recommandés par la Commission européenne. Un score unique est proposé et calculé avec des facteurs de pondération pour chaque critère. L'indicateur Changement du climat (CO_2) ne représente que 22 % de l'ACV. C'est ainsi qu'une grande opération de dilution dans une multitude d'objectifs environnementaux est à nouveau à l'œuvre. En voici le détail, selon le Guide utilisateur d'Agribalyse (base de données environnementales de référence sur les produits agricoles et alimentaires de l'Ademe).

Pondération des différents indicateurs

Changement climatique (CO_2)	**22,19 %**
Appauvrissement de la couche d'ozone	6,75 %
Exposition aux particules fines	9,54 %
Acidification	6,64 %
Eutrophisation, eau douce	2,95 %
Eutrophisation marine	3,12 %
Eutrophisation terrestre	3,91 %
Rayonnements ionisants, effet sur la santé humaine	5,37 %
Formation photochimique d'ozone	5,10 %
Écotoxicité d'eau douce	----
Usage des terres	8,42 %
Épuisement des ressources énergétiques	8,92 %
Épuisement des ressources – minéraux	8,08 %
Épuisement des ressources en eau	9,03 %

La dilution de nos efforts dans des inventaires foisonnants, auxquels on ajoute chaque année davantage de lignes pour montrer que l'on progresse, n'a pas de sens. Remettre de l'ordre dans l'échelle de nos priorités écologiques est impératif. Réorienter tout l'argent investi dans la poursuite de chimères vers la cause supérieure de la transition bas carbone serait également bienvenu.

La prolifération ininterrompue de nouveaux indicateurs RSE, l'élargissement des enjeux environnementaux à des critères futiles constituent en fait une grande menace pour la planète. Dans cette période charnière, rien n'est pire que la dilution de l'effort. Elle donne le sentiment du devoir accompli alors qu'en fait, rien de substantiel n'est réalisé.

15

Une réforme de l'action publique

Le titre de ce chapitre sent bon la vieille dentelle des cours de l'Ena. La réforme de l'action publique, c'est l'arlésienne de la Ve République. Qu'on veuille bien me pardonner d'avoir ressorti ce vieux machin du grenier. Que me pardonnent aussi les ultras de la simplification administrative. Ceux qui défendent le libéralisme à tout rompre, et la disparition pure et simple de l'action publique. Je vais les décevoir.

Je pense que l'action publique est justifiée dès lors qu'elle est nécessaire et efficace. Comme disait le cardinal de Richelieu, « la politique est l'art de rendre possible ce qui est nécessaire ». Dans la période de grande menace écologique que nous traversons, l'intervention politique relève même d'une nécessité impérieuse. L'économie libérale, le jeu naturel des marchés, la main invisible d'Adam Smith ne trouveront pas, seuls, les solutions pour sauver la planète. Bien utilisés et encadrés, les leviers du capitalisme auront certes un rôle central pour trouver et mettre en œuvre les solutions. Mais la menace climatique est telle que nous avons besoin dans l'urgence d'une action publique éclairée, énergique et déterminée.

La première condition de la réussite, c'est le retour de la science. Depuis quelques dizaines d'années, les scientifiques ont progressivement déserté le pouvoir public. L'État a peu à peu perdu en capacité d'analyse scientifique autonome. Les budgets ont maigri. Les grands corps d'État n'ont plus la même place. Beaucoup de talents sont partis dans le privé, en France ou à l'étranger. Les agences paragouvernementales sont souvent cofinancées par les lobbies. À défaut, ce sont ces lobbies qui leur fournissent le matériel analytique.

Une étude du *Figaro* de décembre 2019 a épluché les CV des 117 ministres et secrétaires d'État des présidences Hollande et Macron. Seulement quatorze d'entre eux ont fait des études scientifiques. Et sept seulement si on exclut les médecins. Sur ces 117 membres du gouvernement depuis dix ans, le nombre de polytechniciens est réduit à trois. En fait, bonne nouvelle pour la parité, ces polytechniciens sont des polytechniciennes : deux femmes secrétaires d'État de François Hollande et une ministre d'Emmanuel Macron, Élisabeth Borne. Ça ne fait pas beaucoup. À l'heure où la discipline scientifique devrait nous éclairer, nous sommes gouvernés par des Sciences Po, des énarques, des HEC, des juristes et des économistes.

À titre de comparaison, la moitié des patrons du Cac40 a un profil scientifique. Les polytechniciens représentent 17 % de l'effectif, contre seulement 2,5 % dans l'échantillon des ministres des gouvernements Hollande et Macron visés ci-dessus.

Je me souviens aussi d'une des dernières conférences de Valéry Giscard d'Estaing qui avait fait sensation sur la Toile en 2014. C'était justement à l'École polytechnique. Avec un charisme que venaient renforcer, au lieu de l'affaiblir, les stigmates d'un âge très avancé, Giscard regrettait la désertion des profils scientifiques en politique. Il prenait la Chine pour modèle : « J'ai insisté [...] sur l'importance de la science, qui s'est un peu affaiblie dans la reconnaissance publique française au cours des dernières décennies. Or réfléchissez un instant et prenez le plus grand pays du monde qu'est la Chine. La Chine est gouvernée par sept personnes, sur ces sept personnes il y a sept ingénieurs. Et ce sont eux qui ont fait en quelques années de ce pays, encore presque médiéval, une des premières puissances technologiques et industrielles du monde. »

Dans le même temps, sans que l'on puisse y trouver de lien de cause à effet, on observe que la discipline scientifique s'éloigne du débat politique. Les réseaux sociaux permettent de s'affranchir des vérifications. La vérité « scientifique » n'est plus vraiment le sujet. On prend l'habitude de relayer des informations non vérifiées. Les *fake news* prospèrent jusque dans la bouche des plus hautes autorités, sans qu'on leur en tienne rigueur. Et dans le même temps, on dilue l'écologie avec des tas d'autres préoccupations sociales ou sociétales. Au lieu d'être un cénacle de discussions et de progrès fondé sur une démarche scientifique de recherche de la vérité, l'écologie politique est devenue un grand tableau à mille entrées où s'agitent tous les fantasmes de révolution de notre société. On y parle de tout. L'approche est souvent sociale, parfois romantique, presque jamais scientifique. Le réchauffement climatique n'y est qu'un sujet parmi d'autres. Tout le monde oublie que ce réchauffement obéit à des équations précises qui s'imposent à nous tous. Tout n'est pas dans tout. La science doit faire son retour. C'est de la planète dont on parle. L'écologie scientifique doit prendre le dessus sur l'écologie socialiste, mais aussi sur l'écologie des comptoirs de café.

La convention citoyenne marque une forme de paroxysme dans l'appauvrissement de notre démarche scientifique au sein du débat public. Confier à une assemblée de personnalités, choisies d'abord pour la diversité et la sincérité de leur incompétence, réunies dans l'urgence, le soin de décider en quelques semaines de notre stratégie énergétique et environnementale pour les trente ans qui viennent relève de l'absurde. « Les bras m'en sont tombés », écrivait Marc Fontecave, chimiste et professeur au Collège de France, dans *Le Point*, en appelant lui aussi à un renforcement de l'enseignement scientifique. Un débat public et politique sérieux, dans une des plus vieilles démocraties du monde, ne peut pas ressembler à la convention citoyenne. Franchement, notre histoire mérite mieux, surtout devant de tels enjeux. De façon démagogique, on a flatté la méfiance grandissante du peuple à l'égard des élus et des élites, avec un absurde tirage au sort de citoyens jugés qualifiés pour trancher, au simple motif qu'ils n'y connaissaient rien. Comme si le savoir était source de corruption. Comme si la virginité de l'obscurantisme allait nous livrer des solutions providentielles, « prêtes à l'emploi ». On a lié notre avenir au hasard d'un tirage au sort, à la manière des Grecs qui s'en remettaient aux hallucinations de la Pythie de Delphes. Au passage, on a donné du foin à tous ceux qui ne croient plus dans nos institutions démocratiques, et on a reculé dans la détermination rationnelle des solutions pour s'en sortir. Il eut mieux valu munir les élus du bagage scientifique, des chiffres qui s'imposent à nous, et organiser un grand débat parmi la représentation démocratique.

À quoi doit servir le retour de la science dans notre gouvernance administrative et politique? Tout d'abord, à calculer de façon indépendante et incontestable le contenu carbone de chaque produit que nous consommons, y compris l'énergie. Seule l'autorité de l'État peut permettre à tout le monde d'utiliser la même mesure. Qui d'autre que l'État aurait pu définir le mètre, le kilogramme, le litre ? Qui sait nous dire (ou nous faire dire) de façon à peu près crédible les consommations d'une automobile ou le profil énergétique d'un appartement ?

Qu'attend donc l'État pour nous donner la mesure de l'impact carbone de ce que nous consommons ? Franchement, je ne sais pas.

Pourtant, c'est d'information dont nous avons besoin. Et d'urgence. Si les consommateurs européens savaient réellement, cela pourrait changer le cours des choses. Comprenons : l'Europe est un modeste émetteur de CO_2, mais elle est à l'origine d'une quantité considérable d'émissions à travers ses importations. Ayant choisi de délocaliser une grande partie de sa production industrielle, elle jette un voile pudique sur son impact environnemental réel. Sans vouloir l'admettre, elle encourage l'accroissement des émissions de CO_2. À travers ses importations, l'Europe est un receleur du crime d'écocide que les grands émetteurs de CO_2 continuent de commettre avec leurs grandes centrales à charbon ou à pétrole.

J'appelle de mes vœux la mise en place d'une pastille rouge pour indiquer au consommateur les produits qui, par leur composition ou la source d'énergie qui a permis leur production, sont de grands vecteurs de réchauffement climatique. Cette seule information peut tout changer. La mesure de l'empreinte carbone des produits que nous consommons, sur leur cycle de vie, est devenue un impératif.

Les consommateurs européens représentent une source de revenus suffisamment importante pour provoquer de substantielles modifications de comportement parmi les producteurs, à l'échelle de la planète. C'est cela aussi, la mondialisation. Le meilleur moyen d'en finir avec le charbon et le pétrole, c'est la connaissance, c'est le savoir. Davantage d'information peut influencer significativement les comportements des consommateurs, et modifier les conditions d'exercice de la concurrence sur un marché donné. La réaction des entreprises à notre pastille rouge serait à coup sûr immédiate, avec une pression sur les gouvernements et les industriels des pays pollueurs, et même des délocalisations ou des relocalisations vertueuses vers les pays qui ont fait l'effort d'une transition vers l'énergie et les matières premières bas carbone. Par un heureux hasard, le nucléaire français, mis en place par le général de Gaulle pour la seule vertu de nous rendre l'indépendance énergétique, se trouve être bas carbone. Une chance pour la France qu'elle a encore du mal à mesurer.

Aujourd'hui, je suis très heureux de savoir que tel yaourt est « allégé », et de connaître son empreinte calorifique au dixième de calorie près. Je remercie l'État. L'État me dit aussi de ne pas fumer, de boire avec modération, et de ne manger ni trop salé, ni trop sucré. Et le privé s'y met aussi : l'application Yuka, une start-up à succès, compile des publications scientifiques pour m'avertir qu'il y a probablement telle ou telle substance cancérigène dans ma crème solaire. Merci beaucoup pour tout cela. Personnellement, je préférerais connaître l'empreinte carbone des produits qui me sont proposés. Je place le sort de la planète au-dessus de la question de mon cholestérol. Seul l'État peut me donner cette information de façon indépendante. Seul l'État a les moyens de vérifier les calculs et de sanctionner les mensonges.

Je voudrais savoir quel rôle joue le charbon chinois dans la fabrication de mon iPhone, et combien de lignite les Allemands ont choisi de brûler pour construire ma Polo. Je voudrais connaître l'empreinte carbone de la cellule photovoltaïque fabriquée dans la province du Xinjiang avec de la silice fondue à grand renfort de charbon. Cette même cellule que l'on m'encourage à installer sous le ciel gris de Paris, pour produire une électricité chère et intermittente.

Je ne parle pas ici de taxe, de subvention ou d'interdiction. Je veux juste savoir. Pour que je sache, et que je ne sois pas le seul à savoir, l'État est indispensable. Et ce serait encore mieux si c'était l'Europe.

On attend de l'État qu'il aille plus loin encore. Non seulement il doit être le juge impartial et compétent de ce qui est ou n'est pas favorable au climat, mais il doit également engager le pays dans la mise en place des infrastructures nécessaires. Le passage à l'hydrogène nécessite l'intervention de l'État, pour la production comme pour la distribution. Le développement des transports en commun implique la construction de nouvelles lignes. L'abandon des énergies fossiles nécessite le doublement de notre parc nucléaire. Sur tous ces sujets, l'État est attendu.

Mais pour que l'État soit efficace, et compte tenu de l'urgence, il faut qu'il simplifie son fonctionnement et qu'on lui donne les moyens d'agir.

On entend aujourd'hui que le nucléaire fait son retour parmi les solutions de production d'énergie jugées non carbonées. Il était temps. Le 31 décembre 2021, malgré les protestations allemandes, autrichiennes et luxembourgeoises, la commission de l'Union européenne a proposé d'intégrer la production d'énergie nucléaire au label « vert ». Et le président Macron, de son côté, a annoncé vouloir relancer cette filière nationale presque abandonnée, qui n'a plus mis en route le moindre réacteur depuis… 1999 (à Civaux, dans la Vienne).

Mais voilà, la construction de nouveaux réacteurs nucléaires, que d'aucuns estiment inéluctable, va prendre selon les détracteurs écologiques des « dizaines d'années ». Ce délai paraît stupéfiant à l'heure de l'« urgence climatique » et de l'explosion prévisible des besoins en électricité, pour remplacer les hydrocarbures. Mais, en fait, personne à la tête de l'État ne le remet en cause. Le principe de précaution a imposé au nucléaire un échafaudage de contrôles bureaucratiques inouïs, qu'aucun ministre n'ose bousculer. La technologie a beau être éprouvée (y compris, malgré des déboires, pour les EPR), la filière nucléaire française, autrefois si dynamique, se hâte aujourd'hui lentement, engluée dans mille et une procédures.

Il n'y a pas que le nucléaire. À l'heure de l'argent magique, on entend qu'on aura besoin de vingt ans ou plus pour construire telle ligne LGV ou telle extension de métro ou de tram. Ce temps long est posé comme incontournable, sans vérification, sans contestation, sans effort pour tenter de le contenir.

Nous nous sommes habitués au temps abandonné. Nous nous sommes habitués aux décisions prises à l'unanimité de vingt-cinq autorités politiques ou administratives, aux enquêtes publiques interminables, aux contrôles administratifs redondants, aux recours judiciaires multiples… Pourtant, l'État sait construire des stades en urgence quand le pays veut accueillir les Jeux olympiques ou la Coupe du monde de foot. L'État sait réagir et se doter d'une industrie d'armement en cas de guerre. C'est ce qu'on appelle l'« effort de guerre ». L'État sait même imposer des éoliennes dans des communes contre la volonté de l'unanimité des élus locaux. Alors, pourquoi ne pas oser un plan d'urgence pour l'équipement du pays en moyens de production massive et continue d'énergie décarbonée ? Pourquoi ne pas se donner l'objectif de doubler en dix ans notre production d'énergie nucléaire, géothermique et hydraulique pour relever le défi de la fin annoncée des ressources fossiles ? Le besoin semble plus impératif que celui de la construction d'un nouvel équipement pour les JO.

Ces sujets méritent que nous sortions de notre inertie administrative et que nous réorganisions dans un grand *reengineering* nos redondances d'autorités, de contrôles et de précautions. Entre la précipitation qui fait peur et le temps abandonné dans lequel nous baignons, il y a une place pour le temps juste. La planète y trouverait son compte, mais la France aussi. Le pays a de l'avance sur les sujets de bas carbone et elle pourrait bien redevenir une grande puissance industrielle dans le monde d'après.

Enfin, si l'État veut aider le pays à réduire sa facture carbone, il faut qu'il simplifie son carcan administratif et cesse la micro-régulation pointilleuse et bureaucratique de l'action privée. Il a mieux à faire. La complexité administrative, l'inflation de lois, de règlements et d'autorités publiques, qui caractérisent la France dans le concert mondial, ralentissent la marche des entreprises vers la sobriété carbone. L'urgence climatique dicte de s'extraire de notre inertie administrative.

L'immobilier est un exemple parmi d'autres où il est souvent si compliqué de construire un immeuble neuf vertueux sur le plan écologique que l'inertie l'emporte, malgré les moyens, malgré le désir.

Renforcer l'intensité et la mixité d'usage, en matière immobilière, fait partie des solutions pour limiter l'impact carbone de nos villes. Mieux et plus utiliser les équipements existants pour limiter l'extension urbaine, et s'épargner les émissions de nouvelles constructions, est un objectif respectable. Le taux horaire d'occupation des mètres carrés de bureaux, d'hôtels ou d'appartement est, en réalité, très faible. À chaque heure de la journée, plus de la moitié des surfaces est inutilisée. Mais des centaines de pages de régulation empêchent cette évolution : les catégories immobilières sont hermétiques les unes aux autres. Une résidence étudiante ne saurait se transformer en hôtel pendant les mois d'été : elle reste vide. On ne peut pas faire dormir des salariés ou des clients dans un immeuble de bureaux, ni installer son entreprise temporairement dans un hôtel. La transformation de commerces ou de bureaux existants en logements nécessite des autorisations complexes, et c'est souvent un aller simple, sans retour en arrière possible. Il n'y a pas de mixité, et encore moins de flexibilité possible. Notre carcan administratif est l'ennemi de la densification d'usage.

Dans un autre domaine, les circuits courts, naturellement bas carbone, que pourrait nous offrir une production alimentaire locale, sont empêchés par mille et une normes et contrôles. On désespère l'éleveur qui veut faire son fromage à force d'injonctions, parfois contradictoires, et de contrôles redondants. On empêche que les carottes du potager urbain, placé sur le toit de l'immeuble, arrivent à la cantine Sodexo. La méfiance règne. Le principe de précaution est là.

Le philosophe Gaspard Koenig, parti à la rencontre des Français en reprenant seul et à cheval le trajet effectué jadis par Montaigne, de Bordeaux à Rome, en a fait l'expérience. Il a demandé aux Français rencontrés par hasard s'ils étaient heureux. À chaque fois, ils lui ont exprimé le grand ras-le-bol de la complexité administrative imposée par Paris. C'est chaque année davantage de normes élaborées par un pouvoir central jugé « hors sol » en méconnaissance de la réalité de terrain. Il faut lire ses notes magnifiques consignées dans son livre *Notre vagabonde liberté*[1].

Je me souviens aussi d'une interview de Jean-Marc Jancovici qui m'a particulièrement marqué. Un des grands sujets de la performance carbone des automobiles, c'est le poids moyen des voitures. Tandis que presque tout ce que nous consommons s'est allégé et réduit (le téléphone, le téléviseur, la chaudière…), la taille et le poids de la voiture n'ont eu cesse de croître. Jancovici regrettait donc sa vieille 2 CV. Rendez-vous compte : un poids de 500 kilos seulement, pour un moteur de 425 cm^3 qui consommait à peine 5 litres pour parcourir 100 kilomètres. La journaliste, assez au fait du sujet, lui a rétorqué que le poids des voitures d'aujourd'hui (1 200 kilos en moyenne, selon l'Ademe) répondait à de nouvelles normes de sécurité. Que si c'était plus lourd, c'est parce que l'obligation (ou le

1. Gaspard Koenig, *Notre vagabonde liberté. À cheval sur les traces de Montaigne*, L'Observatoire, 2021.

désir) de précaution s'était accru. D'où, d'ailleurs, la baisse du nombre de morts sur les routes. Jancovici lui a répondu qu'elle avait raison de se préoccuper du nombre de morts. Car si on ne fait rien pour le climat, si on refuse de baisser nos émissions, si on continue à consommer sans considération pour l'empreinte carbone, ces morts se compteront en milliards à l'échelle de la planète et en millions à l'échelle de la France. L'État doit donc prendre la mesure de ce qui se produit en ce moment, et régler le sort des injonctions contradictoires. Maîtriser les émissions, quitte à autoriser des voitures plus légères, c'est peut-être paradoxalement sauver des vies. Le même schéma s'applique à bien des secteurs, où l'hyper régulation est soit source d'émissions inutiles, soit elle empêche d'économiser le CO_2. Dans le secteur immobilier, des prudences parfois excessives, entretenues par une complexité administrative croissante, sont causes d'une grande mobilisation de matériaux polluants. Le réchauffement climatique va tuer. Qu'on se le dise dans les ministères qui veulent nous protéger en produisant ces normes et ces obligations! Empêcher les réductions de gaz à effet de serre, même quand c'est au nom du principe de précaution, c'est certainement accroître *in fine* le bilan des vies qui seront emportées ou abîmées.

Voilà en synthèse où l'on attend l'État. De l'information fiable, publique et scientifiquement contrôlée sur les empreintes carbone, de la simplification administrative, et la réalisation d'infrastructures majeures, dans un temps maîtrisé, selon le processus décisionnel simplifié qu'impose la situation. Le reste se fera naturellement. Point besoin de torturer la France profonde avec des taxes surdimensionnées, des interdictions et des invectives élaborées par une élite parisienne déconnectée. Toutes ces mesures et règlements, je sais que nos traditionnels producteurs de complexité administrative les affectionnent. Avec l'écologie, les mêmes ont trouvé un nouveau terrain de jeu et sont l'arme au pied. Mais ces mesures sont injustes et mal comprises. Elles font le terreau des extrémismes politiques. L'écologie n'a pas besoin d'une bureaucratie pointilliste. Elle peut rester simple, parce que finalement, il n'y a pas tant de critères que cela qui comptent vraiment. Le sujet du réchauffement climatique, c'est celui des gaz à effet de serre. Pour nous, Français, c'est celui de notre empreinte carbone, aussi bien nationale qu'importée. Et il faut s'attaquer aux grandes masses d'abord. Faire simple et concentrer le tir sur l'essentiel.

La réalité, c'est que la France émet peu à l'échelle mondiale. Martyriser les Bretons propriétaires de chaudières à fioul, leur interdire soudainement la 206 diesel, imposer du PVC pour leurs fenêtres ou une isolation qui défigure l'architecture, ça donne bonne conscience, mais ne change pas grand-chose au climat de la planète. Arrêtons d'étrangler les Français et concentrons nos ressources, qui ne sont pas illimitées, sur la recherche scientifique et la mise en place de vraies solutions pour une énergie bas carbone à coût maîtrisé et sans intermittence. Misons sur le nucléaire et l'hydrogène, comme si nous mobilisions une économie de guerre. Recréons un grand ministère indépendant de l'Industrie et de l'Énergie, séparé de l'Économie, des Finances ou de l'Environnement. Dirigeons l'injection monétaire des banques centrales vers le financement des infrastructures nécessaires à la transition bas carbone au lieu d'arroser à hue et à dia l'ensemble de l'économie, en créant au passage des bulles spéculatives. Évaluons les empreintes carbone de façon incontestable et informons les populations. Utilisons le critère de l'empreinte carbone pour l'attribution des marchés publics. Militons pour la fermeture des centrales à charbon et refusons purement et simplement l'accès à nos marchés des produits fabriqués avec cette énergie dévastatrice pour la planète. Allégeons la bureaucratie pour permettre aux entreprises de s'adapter rapidement au monde qui s'annonce. Ces solutions permettront aux Français de faire mieux que survivre dans l'ère de l'après-carbone. Car ce monde sans énergie fossile, à + 2 °C ou + 6 °C, les Français le connaîtront quoi qu'il arrive.

16

Les entreprises sont prêtes

Une grande partie de la population est convaincue que les entreprises, et particulièrement les multinationales (chères au cœur des décroissantistes), sont les grands responsables du réchauffement climatique. Pendant la Cop26, les médias ont volontiers donné la parole aux ultras, qui veulent mettre sous pression les gouvernements pour qu'ils contraignent les multinationales à agir « enfin ». Des comportements des consommateurs ou des efforts à faire par les populations, il n'était pas question. L'entreprise, la grande surtout, est fautive. Elle doit renoncer à ses fautes, se repentir et se soumettre (enfin) à l'intérêt général.

Pourtant la révolution verte viendra d'abord des entreprises.

Il faut tout d'abord reconnaître que seules les entreprises sont susceptibles de découvrir les solutions qui nous permettront de vivre sans craindre la misère dans un monde devenu décarboné. L'innovation a largement déserté le camp de l'action publique. En dehors des périodes de guerre, les États inventent peu. Ils cherchent parfois beaucoup (notamment en France), mais trouvent avec parcimonie. La rapide découverte « privée » des vaccins contre le Covid illustre le propos. Sans labo privé, point de vaccin valable dans un délai court, et une vie masquée, de confinements en reconfinements.

Pour le climat, on doit faire le même constat. Les optimistes dont je suis comptent sur les efforts privés de recherche et développement (R&D) pour assurer l'essentiel des découvertes susceptibles de sauver la planète. Tel a été le cas, d'ailleurs, de ce que nous anticipons d'ores et déjà comme remède. Qu'il s'agisse des énergies renouvelables, des moteurs électriques, de l'hydrogène ou de la construction bas carbone, toutes ces révolutions trouvent largement leur origine dans l'initiative privée, avec un avantage pour les start-up ou les PME par rapport aux grandes structures. Il reste au public un morceau de recherche fondamentale. La fusion nucléaire vient à l'esprit. Mais que serait cette recherche sans les moyens privés ou quasi privés de mise en œuvre, ou sans la recherche universitaire, notamment américaine, elle-même largement financée par les capitaux privés ?

Mais les entreprises ne vont pas seulement fournir la R&D et les moyens de production pour la révolution qui se met en route. Elles sont aussi des initiateurs et des accélérateurs. Elles prennent l'initiative et contribuent par elles-mêmes à changer les cultures. C'est un peu nouveau. Jusqu'à un passé récent, les entreprises fournissaient à la société des emplois pour les salariés, des profits pour les actionnaires et des impôts pour les collectivités. Aujourd'hui, le capitalisme occidental leur demande d'élargir leur raison d'être. Les entreprises se fixent désormais d'ambitieux objectifs de responsabilité sociale et environnementale (RSE).

Les cyniques diront que les entreprises ne font que répondre aux injonctions des États, de leurs clients, de leurs propres salariés, voire de certains actionnaires. Certes, la pression vient de toutes parts. Mais pour fréquenter beaucoup de chefs d'entreprise, je peux attester qu'un grand nombre d'entre eux sont dans une démarche sincère, que personne ne leur a vraiment dictée. Ils ont pris conscience de l'état de la planète et veulent que leur entreprise, à laquelle ils consacrent l'essentiel de leur vie éveillée, participe à un effort collectif qu'ils jugent urgent.

Je prends souvent comme exemple le cas de l'entreprise Andros. Groupe non coté, à détention familiale, ce géant de l'agroalimentaire est un des premiers employeurs du Lot et de la Corrèze. Le directeur général, Florian Delmas, a écrit *Planète A, plan B. Faire société pour l'essentiel*[1] et engagé

1. Florian Delmas, *Planète A, plan B. Faire société pour l'essentiel*, éd. Coup de cœur, 2020.

l'entreprise dans une ère de développement durable, avec le soutien de ses actionnaires.

Les fruits utilisés pour ses confitures, compotes et jus sont issus de vergers choisis pour leur mode de culture, avec un souci pour l'amélioration des sols et la protection des abeilles. Des laits d'origine végétale permettent de faire des yaourts et des desserts. Pour le lait d'origine animale, des efforts sont déployés pour limiter l'empreinte carbone des élevages. Inventeur de la première gourde de compote entièrement recyclable, le groupe encourage ses transporteurs routiers à rouler au biogaz. Les efforts qu'Andros réalise pour limiter son empreinte environnementale sont méconnus, ils ne sont pas écrits sur les pots de confiture, ni les yaourts. Pourtant ils sont sincères et efficaces.

En juin 2020, j'ai eu la chance d'interviewer en privé trente dirigeants des plus grandes entreprises françaises pour mesurer leur position face au grand défi du réchauffement climatique. Jamais l'exercice n'avait été tenté sur une aussi grande échelle. J'ai été très étonné du résultat. Il y a huit ans, en quittant la grande entreprise que je dirigeais, j'avais laissé mes collègues du Cac40 en mode « surveillance » sur le sujet. Tout le monde voulait être conforme aux règlements et aux meilleures pratiques. On embauchait déjà des directeurs du « développement durable ». On produisait de grands rapports, et des pages dans les présentations annuelles, pour y exposer les progrès sur une multitude de critères :

les économies d'énergie, le carbone, le recyclage… Mais au fond, la question environnementale n'était pas au cœur des réflexions. On pensait qu'il suffirait de s'inscrire tranquillement sur une trajectoire de progrès continu. Sans être indifférent, on était plutôt passif. On restait au milieu d'un troupeau qui se hâtait lentement vers un développement qui serait, année après année, un peu plus durable. Cela suffisait bien. À l'image des accords de Paris, on croyait que la main invisible jouerait et que tout se passerait naturellement et progressivement.

Aujourd'hui, la situation est bien différente. En quelques années, le développement durable est devenu l'alpha et l'oméga de la stratégie des grands groupes. Chacun veut être en tête du peloton et, pourquoi pas, si les conditions le permettent, tenter une échappée pour semer les autres. En avance sur la réglementation, beaucoup d'entreprises calculent leurs émissions de CO_2, directes et indirectes. Elles facturent « en interne » des frais qui simulent une « taxe carbone », dont le prix augmente chaque année, pour inciter les *business units* à accélérer les trajectoires. Certaines entreprises communiquent auprès du grand public sur la performance carbone des produits. Pour recruter les jeunes, on fait montre de tous les efforts accomplis en la matière. Dans le même temps, les banques et les assurances cessent de financer les industries polluantes, notamment celles liées au charbon. Les directeurs du développement durable font leur entrée magistrale dans les comités exécutifs. Certains répondent directement au conseil d'administration. Ils sont à la tête d'équipes que certains PDG qualifient de « commandos ». Le développement durable n'est plus une promenade de santé, c'est une véritable guerre que l'on veut livrer. À la manière des auditeurs internes, ces services nouveaux réalisent des inspections de terrain sans préavis, fixent de nouveaux objectifs et surveillent l'atteinte des objectifs précédemment fixés.

Dans les grandes entreprises, tout est aujourd'hui placé sous l'aune du développement durable. C'est nouveau. Même les opérations de fusion-acquisition, comme l'acquisition de Suez par Veolia, obéissent publiquement à cet impératif. Les trente dirigeants interrogés ont tous engagé leur entreprise dans l'objectif de neutralité carbone 2050. Pour beaucoup, cela conduit à des investissements considérables. Il ne s'agit plus seulement d'acheter des crédits carbone, issus des opérations menées par les autres. On craint que le coût de ces « droits à polluer » ne devienne rapidement prohibitif et, dans le même temps, on doute parfois de l'authenticité du bénéfice « climat » de certains montages. En matière d'empreinte carbone, il s'agit désormais de se contraindre soi-même à une réduction drastique des émissions directes et induites. Réduire sa propre facture carbone, mais aussi celle que l'on provoque chez les clients et les fournisseurs. Cela implique de tout revoir, « du sommet à la base et de la base au sommet », comme me l'a confessé un géant du BTP.

À une quasi-unanimité, les dirigeants français souhaitent la mise en place d'une taxe carbone aux frontières de l'Europe. C'est pour eux le seul moyen d'ajuster l'empreinte carbone des Français, tout en préparant le pays à la fin inéluctable des hydrocarbures. William Nordhaus, Prix Nobel d'économie en 2018, estime que le prix du carbone devrait se situer entre 50 et 100 euros par tonne équivalent CO_2. Cela représente 45 à 90 euros par mois, par habitant (1,7 % à 3,4 % de l'ensemble des revenus français). Cette taxe semble presque inévitable. Elle seule est susceptible de motiver un abandon simple et rapide du charbon et du lignite chez les grands pays exportateurs. Elle seule est capable de favoriser la réindustrialisation vertueuse du pays, en capitalisant sur l'avance que nous avons prise en matière de production d'électricité décarbonée. Mettre un prix sur le carbone et faire payer les responsables est une solution incontournable. On l'accompagnera d'une redistribution des produits de cette taxe au profit des plus exposés aux conséquences de cette taxe, qui se trouvent souvent être des ménages modestes qui ne peuvent pas se passer de voiture ou mettront du temps à changer de chaudière au fioul. Cet accompagnement du changement est impératif : l'expérience des Gilets jaunes atteste qu'on ne peut pas faire sans. Et puisqu'il est admis que les principaux émetteurs de CO_2 sont généralement les plus riches, cette taxe carbone pourrait aussi être un outil intelligent de redistribution sociale.

Revenons aux entreprises : nos grands dirigeants reconnaissent que le champ des injonctions qu'ils reçoivent en matière de responsabilité sociale et environnementale est incommensurable. Et le corpus qui permet d'obtenir les meilleurs labels RSE est aussi large que bureaucratique. Il existe plus de 150 cadres de références ESG (environnement, social, gouvernance), ce fameux sigle international utilisé par la communauté financière pour l'analyse extra-financière. Mais, au milieu de ce qui ressemble parfois à un capharnaüm de la bien-pensance et du politiquement correct, les patrons ne perdent pas le nord. Leur boussole indique que la priorité des priorités parmi leurs multiples responsabilités reste la question des émissions carbone et du réchauffement climatique. Ils savent que tous les autres objectifs ne valent d'être poursuivis que si nous arrivons à maîtriser les émissions. C'est le sort de la planète qui est en jeu.

Dans ce contexte, je ne doute pas que le *mark-to-planet* de Bertrand Badré fasse mouche. L'ancien directeur général de la Banque mondiale invite la finance internationale à repenser son logiciel, son *operating system*. En étant un peu simplistes, nous opérons depuis près de cinquante ans dans une logique *mark-to-market*. Au cœur de notre système de comptabilité, le *mark-to-market* nous pousse à considérer le bilan de nos entreprises à leur valeur de marche, en valeur instantanée. Que valent nos actifs et nos passifs ? Ils valent ce qu'ils valent s'ils sont liquidés sur un marché. Nous sommes au cœur d'un système qui fait du marché le système par défaut de valorisation. Ce système est arrimé au principe posé à la même période par Milton Friedman : « L'objet social de l'entreprise est la maximisation du profit. » Tout s'ensuit alors. Depuis les modalités de rémunérations jusqu'aux règles de gouvernance ou aux obligations fiduciaires de ceux qui gèrent notre argent. Bertrand Badré propose d'évoluer vers un système *mark-to-planet*, c'est-à-dire un système de référence qui incorpore dans ses fondements, pour valoriser nos bilans et au-delà établir la valeur de nos activités économiques, les impacts positifs et négatifs de ces activités en lien avec le futur et notre bien-être collectif. Il s'agit, comme il l'explique, d'ouvrir le moteur, de prendre nos outils et de faire les réglages indispensables. Le prix du carbone, bien sûr, mais aussi celui de la nature, du capital humain… Sans cet ajout, nous courons à la catastrophe, car la recherche du profit pour le profit, avec des horizons de plus en plus courts imposés par les salles de marché ou la prochaine échéance financière ou électorale, est dramatiquement insuffisante. Tant que le profit n'est pas placé au service des solutions utiles à la résolution des problèmes de la planète et de ses habitants (pour reprendre l'approche du professeur Colin Mayer dans son livre *Prosperity*[1]), le profit pour le profit n'a

1. Colin Mayer, *Prosperity. Better Business Makes the Greater Good*, Oxford University Press, 2018.

pas de sens. Et ce, d'autant que seule une vision de long terme peut sauver la planète. Si on limite notre horizon au trimestre imposé par les marchés financiers et à une définition incomplète de la valeur, on court à la catastrophe. C'est un chantier de longue haleine qui vise à introduire de la cohérence dans toutes nos actions économiques. À aligner au jour le jour nos discours et nos actions. À enraciner la bonne volonté dans la durée.

La finance doit donc ajouter un troisième pilier à son édifice. On connaissait le couple risque-rentabilité. Il faut maintenant un troisième facteur pour établir une nouvelle équation : risque, rentabilité *et* impact.

La responsabilité environnementale est-elle compatible avec la recherche du profit ? Oui, nous répond Bertrand Badré. Pour une bonne raison : c'est qu'il s'agit en fait d'une autre déclinaison du profit. L'impact est entièrement soluble dans le profit, car c'est en réalité un profit en lui-même. Il est profitable pour la planète (et pour nous) que nous progressions en matière de responsabilité sociale et environnementale. Il suffit que cet impact entre dans les critères d'investissement, et soit retenu, par convention mondiale entre les peuples, à l'égal de la performance strictement financière, dans la mesure du profit. Si on y arrive, la finance ne sera plus l'ennemi mais l'allié de la planète. Car la finance peut nous aider. Si elle est bien utilisée, elle peut projeter notre capacité d'investissement dans le temps et dans l'espace en une seconde. Elle peut financer des opérations majeures de développement durable à l'autre bout de la planète. Là où elles sont le plus nécessaires. La finance peut anticiper l'arrivée de la taxe carbone et contraindre les acteurs avant même que la régulation ne soit en place.

Ayant mis ses idées à exécution en créant le fonds d'investissement « Blue Like an Orange Sustainable Capital », soutenu par Axa, Bertrand Badré investit dans le monde entier dans des projets RSE, sans renoncer à rémunérer le capital confié. Il a créé un exemple de « société à impact ».

Les propositions de Bertrand Badré sont aujourd'hui mises à exécution par des centaines d'investisseurs, financiers ou stratégiques. Les comités d'investissement se fixent des objectifs en matière d'impact et renoncent chaque jour à soutenir des projets qui n'entrent pas dans ce qui est devenu leur « stratégie RSE ». C'est l'*impact investing*. Certes, les émissions carbone ne sont pas toujours explicitement et scientifiquement mesurées, ni sanctionnées par des euros sonnants et trébuchants, mais leur prise en compte est acquise. Le cerveau de nos dirigeants s'y habitue. Le thermomètre qui engagera la sanction financière directe de toute émission se met en place. Il constituera la prochaine étape. Inéluctablement, le premier marqueur du *mark-to-planet* sera un *mark-to-carbon*. Mais, tandis que j'écris ces lignes, Oxfam publie une étude spectaculaire sur la trajectoire carbone des entreprises du

Cac40. Fondé sur des travaux *a priori* sérieux d'une équipe de Jean-Marc Jancovici baptisée « Carbon4 Finance » (qui indique tout de go qu'elle n'est pas responsable des conclusions tirées par Oxfam), le rapport asperge du vitriol sur nos champions qu'ils estiment simplement irresponsables face à la menace du réchauffement climatique.

C'est ainsi que nos banques, dont l'activité est de prêter ou d'aider à la recherche de capitaux, se trouvent à la tête de milliards de tonnes de CO_2 d'émissions. Elles arrivent en tête des émissions induites du Cac40. Avec 1 147 148 002 tonnes équivalent CO_2, la seule BNP Paribas est la cause de plus de deux fois le total de toutes les émissions françaises ! Aux côtés de Total, Technip et Dassault mais aussi du Crédit agricole et de la Société générale, BNP Paribas fait partie des six entreprises néfastes qui sont engagées sur une trajectoire de réchauffement climatique située entre 4,5 et 5 °C pour 2050. Le scénario de l'apocalypse. Le reste du Cac ne fait pas beaucoup mieux.

BNP Paribas se défend en insistant sur son retrait du financement des secteurs émetteurs de gaz à effet de serre (le charbon ne représente plus que 2 milliards d'euros de crédit, contre 44 milliards d'encours pour les énergies renouvelables) et sur son adhésion à la Net Zero Banking Alliance qui prévoit une trajectoire à + 1,5 °C. Mais rien n'y fait.

Tout est évidemment une question de méthodologie. Pour arriver à de tels chiffres, Oxfam colle aux banquiers les émissions de tous leurs clients, sans discernement. En l'absence de données chiffrées précises par client, on raisonne en grande masse, c'est-à-dire avec l'exposition globale de la banque à un secteur d'activité. On prend les émissions du secteur, et on applique aveuglément la part de marché de la banque dans le financement du secteur. Peu importe que la banque ait sélectionné des clients plus vertueux à l'intérieur du secteur. C'est l'approche *top-bottom* du scope 3.

Rappelons qu'une société mesure son empreinte carbone sur trois périmètres différents, appelés « scopes » :

- Les émissions de scope 1 comprennent toutes celles qui sont directement sous le contrôle d'une entreprise.
- Les émissions de scope 2 comprennent un premier cercle d'émissions indirectes. Il s'agit des émissions de GES induites par les consommations d'électricité, de chauffage ou de systèmes de climatisation et refroidissement qu'une entreprise achète pour fonctionner.
- Les émissions de scope 3 comprennent les émissions liées à l'ensemble de la chaîne de valeur d'une entreprise. Ces émissions peuvent être divisées en deux grandes catégories, celles liées à la chaîne d'approvisionnement *en amont* de l'entreprise et celles liées au cycle de vie de ses produits et services *en aval*. Ces émissions indirectes du scope 3 sont les conséquences des

activités de l'entreprise, mais qui proviennent de sources de GES contrôlées par d'autres entités.

Le scope 3 a donc une envergure potentiellement considérable. Et la même molécule de CO_2 est comptée plusieurs fois. C'est assumé. Une première fois chez le client qui l'a émis, une deuxième fois chez le fournisseur. Ici, c'est le fournisseur de capitaux qui a financé l'outil de production de l'émetteur qui trinque. C'est ainsi que BNP Paribas et les autres banques se voient attribuer les émissions d'entreprises clientes, mais aussi celles des États qu'elles financent. À la fin, les banques ne sont que le miroir de l'économie en général. Mais Oxfam les livre en pâture au grand public comme les grands responsables du réchauffement climatique.

Nos banques ont-elles le choix ? Peuvent-elles arrêter de financer le commerce, les transports, du jour au lendemain sans risquer la disparition ? Doivent-elles arrêter de financer la construction de ponts, d'écoles ou de logements sociaux au prétexte de la présence de béton dans le gros œuvre ? Le monde sera-t-il moins pollué sans les banques ? Je ne le crois pas.

En fait, avec le scope 3, tout le monde devient un peu responsable de tout. C'est d'ailleurs presque plus facile que d'avoir seulement sur ses épaules le poids de ses propres émissions. Voici que vos fournisseurs et vos clients deviennent aussi coresponsables de vos émissions en raison des affaires que vous faites avec eux. On finit alors par ne plus comprendre grand-chose.

Cela a-t-il du sens d'élargir autant le champ des coresponsabilités vers les clients ? Je ne vais pas tenir TF1 responsable des émissions de CO_2 de Volkswagen parce que la chaîne a accepté de diffuser un spot de pub pour la Polo. Je n'attribue pas à Axa les émissions d'Arcelor Mittal au motif de la fourniture d'une assurance contre le risque incendie. Climatiquement, je n'en veux pas à Groupama de construire et de louer à Total son nouveau siège social à La Défense. Et je ne tiens pas Vinci responsable des émissions des moteurs des véhicules qui roulent sur les autoroutes et les départementales que Vinci a construites dans le Limousin. Pas plus d'ailleurs que je n'attribue à Accor le bilan carbone des touristes venus en avion pour se rendre dans ses hôtels parisiens. Alors pourquoi mettre sur le dos des banques les émissions de toutes les entreprises clientes ? La finance n'est pas un service plus indispensable que la publicité, l'assurance, la route ou le logement.

Si on veut être efficace, il faut revenir au bon sens. Les producteurs d'hydrocarbures, les industriels qui ont délocalisé dans des pays où l'énergie provient du charbon ou du lignite, les transporteurs qui font le choix des moteurs thermiques, les maîtres d'ouvrage qui mettent en œuvre du béton, l'hôtelier qui continue à se chauffer au fioul sont les vrais responsables des émissions, à hauteur de ce qu'ils émettent. À chacun sa part du gâteau. Les entreprises concernées l'assument d'ailleurs en général, surtout en France. Elles ne cachent pas leur responsabilité et font parfois beaucoup pour y remédier. Oxfam devrait s'occuper de ceux qui ne font rien ou pas grand-chose… Il en existe à travers le globe qui ne sont pas difficiles à identifier.

Le pollueur, c'est celui qui émet ou qui cause l'émission par un choix positif et délibéré. À trop démultiplier les responsables, on finit par n'en faire aucun. Tout le monde devient responsable. À la fin de l'exercice, on trouble l'analyse et plus personne ne fait rien. Je crois aux scopes 1 et 2. S'il devait y avoir un scope 3, limitons-le au fournisseur, de sorte à prendre en compte l'empreinte carbone totale réelle des produits vendus par l'entreprise. Regardons l'entreprise elle-même et son amont, complètement et sérieusement. Ce serait déjà un énorme progrès.

Et en fait, si on veut que les entreprises s'améliorent rapidement, c'est probablement au niveau du produit qu'il faut se concentrer, avec la mesure incontestable et scientifique de son empreinte carbone totale. Ce calcul, rendu public, peut à lui seul changer les comportements des entreprises et des consommateurs. Et si ces comportements ne changent pas assez vite, l'instauration d'une taxe sur le « carbone ajouté », copiée sur le modèle de la TVA, pourrait accélérer les nécessaires mutations et convaincre les derniers résistants du monde d'avant.

Occupons-nous des produits, et les entreprises puis les consommateurs suivront.

Pour finir avec Oxfam, après avoir expliqué que le Cac40 était un responsable majeur du réchauffement climatique, incapable de s'inscrire dans une démarche zéro carbone, un important développement est soudainement consacré au dividende. À première lecture, je m'étais dit que le rédacteur s'était trompé de tribune, tant cette critique (habituelle à gauche) du mauvais partage de la valeur ajoutée par excès de dividende me semblait étrangère au débat sur les émissions de CO_2. Mais en fait, pas du tout. Le raisonnement présenté est que si on réduisait de seulement deux tiers les dividendes, on aurait déjà pu faire les investissements suffisants pour s'inscrire sur la trajectoire zéro carbone. Le dividende serait l'ennemi du climat. La soif insatiable des actionnaires dévorerait les ressources financières des entreprises et les empêcherait d'évoluer vers le bas carbone.

Évidemment, tout cela est largement bidon. Tout d'abord, de l'argent pour le développement durable, il y en a autant qu'on veut, surtout en ce moment. Cela n'a rien à voir avec le dividende. Le facteur déclencheur, c'est la pertinence économique ou l'obligation légale. Les investisseurs sont rationnels. Ils feront les investissements si le marché offre des perspectives de rentabilité, que celle-ci se transforme *in fine* en plus-values sur le titre ou en dividendes. Ou si les consommateurs l'imposent. Ou si les États les obligent à travers de la régulation ou des taxes carbone. Le dividende est bien étranger à tout cela.

Ensuite, il n'y a pas de corrélation entre la distribution de dividende et l'investissement dans les grands groupes. J'ai dirigé un groupe du Cac40 qui, plusieurs années de suite, s'est trouvé être un champion en distribution de dividende (en proportion du résultat net) et, dans le même temps, exceller dans l'investissement dans de nouveaux projets. Le dividende, c'est une des formes de rémunération du capital. Si vous refusez de rémunérer le capital, il s'en va. Aussi vite qu'un salarié que vous voulez arrêter de payer. Il faut donc rémunérer le capital, sous forme de plus-values, ou de dividendes, ou des deux. Les deux paramètres sont fongibles : si vous versez plus de dividendes, il y aura moins de plus-values. Et vice versa. Les seuls régimes où le capital des entreprises n'est pas rémunéré sont les anciens régimes communistes. Ils ont tous fait faillite, en plus d'avoir été parmi les plus pollueurs du monde.

Sur un autre registre, la première capitalisation dans le développement durable, qui se trouve être probablement un des premiers investisseurs mondiaux vers le zéro carbone des scopes 1, 2 et 3, s'appelle Tesla. Introduite en bourse en 2010 au prix de 17 dollars, l'action Tesla vaut plus de 1 000 dollars aujourd'hui. Et la capitalisation boursière de l'entreprise dépasse 1 000 milliards de dollars. Elle a ainsi enrichi de nombreux actionnaires avides de profit, sans jamais vraiment en distribuer, tout en développant massivement ses technologies bas carbone. Sur la seule année 2020, Tesla a aussi augmenté trois fois son capital. Elle n'a jamais payé un euro de dividende. Mais ce n'est évidemment pas l'absence de dividendes qui a permis de financer les investissements colossaux de Tesla. Décidément, rien n'est simple de nos jours et une lecture strictement marxiste du capitalisme moderne n'a pas vraiment de sens.

17

Un foisonnement de solutions

Le monde qui est devant nous n'est pas dénué d'espoir. Pour assurer son avenir, il va devoir se tourner vers des énergies abondantes, efficaces et sans carbone. En fait, elles existent déjà.

Nous avons déjà parlé du nucléaire. On sait depuis longtemps maîtriser cette énergie « compacte ». Elle nécessite peu de combustible, peu d'espace. Elle permet une production presque parfaitement ajustable à la demande, quasiment sans émission de CO_2. Ce nucléaire-là, c'est la fission nucléaire. Le stade suivant sera la fusion nucléaire. Ce procédé ouvre la voie d'une production cette fois-ci illimitée, et sans aucun déchet. C'est le phénomène à l'origine de l'énergie diffusée par notre soleil. À quelques dizaines de kilomètres de Marseille, le projet Iter, initié en 2007, tente d'en percer le mystère. Et les bonnes nouvelles dans la maîtrise de cette technologie semblent se multiplier depuis quelques mois.

La géothermie est aussi une grande source d'espoir. Le noyau terrestre est une immense bouilloire qui recèle bien plus d'énergie propre et continue que ce dont l'humanité aurait besoin pendant des dizaines de milliers d'années. Selon les scientifiques, l'origine de cette chaleur est très probablement radioactive. À chaque kilomètre de forage, la température augmente de 30 °C et sur certaines zones, beaucoup plus vite. Au cœur de la planète, la matière repose à 6 000 °C, comme à la surface du soleil. Exploitée dans les thermes depuis l'époque romaine, cette ressource gratuite, continue et sans émission de GES ne couvre que 0,4 % de nos besoins en énergie. Pourtant, là où elle est facilement mobilisable, cela fonctionne déjà. La géothermie dite de « haute énergie » produit 25 % de l'électricité des Philippines ou du Kenya, 30 % de celle de la Toscane... En France, 200 000 logements sont chauffés par la géothermie. Dans le Bassin parisien, une importante nappe d'eau à 75 °C gît en sous-sol, à seulement 2 000 mètres de profondeur. Au nord de l'Alsace, à Soultz-sous-Forêts, une expérience a été récemment lancée pour l'utilisation de la chaleur des roches fracturées non saturées en eau. C'est la géothermie profonde. On envoie de l'eau à 5 000 mètres de fond, qui ressort en surface à 200 °C. Cette eau peut être utilisée directement pour le chauffage, ou transformée en électricité.

La méthode n'est pas totalement au point, et des petits séismes ont été ressentis. Tout le monde a pris peur, mais on ajuste les techniques et on promet des résultats probants pour 2030.

Le principe de précaution et la crainte de perturber les écosystèmes souterrains sont en effet souvent des freins au développement de la géothermie. On peut parfois regretter cette situation. En Île-de-France, la géothermie couplée à des pompes à chaleur permet de couvrir jusqu'à 80 % des besoins en chaud et en froid d'une opération de promotion neuve de bureaux. On pourrait aller plus loin, mais pour cela il faudrait accepter de rompre avec le principe de neutralité déterminé par l'administration. Ce principe oblige à ce que le froid et le chaud réinjecté dans la nappe s'annulent strictement sur une année entière. Au lieu de l'arithmétique, on pourrait, de façon pragmatique, surveiller la température moyenne de la nappe sur douze mois, et moduler l'exploitation suivant son impact réellement mesuré.

De nombreuses autres sources d'énergie, comme les marées ou la houle, mériteraient également davantage d'exploration. Pour 2030, on attend aussi des résultats d'expériences lancées à Hawaï et au Japon sur l'énergie thermique des océans. À 1 000 mètres de fond, la température de l'eau est à 5 °C seulement. Là encore, on pourrait utiliser localement cette ressource pour remplacer des systèmes de climatisation fonctionnant avec des centrales électriques au fioul, notamment dans les pays chauds. Ou encore indirectement, pour générer de l'électricité. Depuis les années 1960, la principauté de Monaco produit 15 % de son électricité avec des pompes à chaleur utilisant l'eau de mer. C'est la thalassothermie. Selon les études, elle est sans impact sur le milieu marin. Et depuis 2007, la ville de La Seyne-sur-Mer chauffe ses bâtiments publics avec des pompes à chaleur reliées à la mer, évitant le rejet de 1 300 tonnes de CO_2 par an.

En synthèse, il ne serait pas surprenant que notre éventail d'énergies renouvelables, communément limité dans l'imaginaire collectif à l'éolien et au solaire, soit rapidement complété voire dépassé par d'autres solutions plus efficaces, moins intermittentes.

Mais dans le même temps que l'on va développer ces énergies propres, il faut courir après l'excédent de gaz à effet de serre et tout faire pour séquestrer le dioxyde de carbone. Plusieurs solutions sont à l'étude pour une séquestration artificielle du carbone, dans les puits, les mines, au fond des océans… Mais le plus sûr, c'est encore la photosynthèse.

Les sols, à l'échelle mondiale, renferment trois fois plus de carbone que toute l'atmosphère. Et si on arrivait à augmenter de 4 ‰ ce stockage annuellement, on arriverait à compenser les émissions année après année. Mais évidemment, on ne peut agir que sur une partie de nos sols. Le potentiel réaliste d'amélioration de la capture du carbone dans le sol français représenterait d'après l'Inra près de 6,8 % de nos émissions de CO_2. Pour cela, il faut faire évoluer nos méthodes de production agricole qui maintiennent trop souvent nos sols dans un état pauvre en carbone. Cela passerait par le développement des prairies et des haies, les pratiques culturales sans labour, les cultures sous paillage, la gestion des résidus organiques… Pour les vignobles, on laisserait pousser des couverts végétaux et on laisserait les bois de taille au sol. Il faudrait également cesser d'artificialiser les sols.

L'entretien des forêts, pour leur permettre de séquestrer davantage, fait également partie des solutions. Il s'agit de travailler les biotopes pour faciliter l'accroissement des arbres, et privilégier les essences offrant une activité photosynthétique accélérée et la possibilité d'usages longs. Pour que la forêt monte en première ligne dans la séquestration de carbone, il faut s'en occuper. La sacralisation poétique proposée par les décroissantistes nous ferait passer à côté d'un outil puissant de décarbonation de l'atmosphère. C'est ce que dit en substance le rapport du Conseil général de l'alimentation, de l'agriculture et des espaces ruraux (CGAAER) de 2015 qui a mesuré le bénéfice « climat » d'une gestion plus active de notre forêt.

En aval de la gestion améliorée des sols et des forêts, il y a la bio-économie. C'est la valorisation des produits issus de la photosynthèse végétale : aliments, matériaux, emballages, bases chimiques, fertilisants organiques, bio-énergie… Elle se fournit en éléments renouvelables, sans épuiser la planète. Elle propose des produits à faible empreinte carbone qui vont se substituer aux ressources émissives traditionnelles. Dans le même temps, la culture de ces produits, mais également les produits eux-mêmes, ont un effet de séquestration de carbone. Substitution et stockage à la fois. De multiples entreprises fleurissent actuellement dans ce secteur.

On produit des substituts de viande à base de végétaux. De même, des laits issus de végétaux, notamment le lait d'amande, viennent remplacer le lait traditionnel. On fabrique du biogaz qui remplace l'essence ou le gaz traditionnel ; des matériaux biosourcés issus du bois en substitut de l'acier ou du béton ; du chanvre, de la paille ou de la laine de mouton à la place des isolants en fibre de verre, du carton ou du papier recyclable pour éviter le plastique…

Dans son ouvrage *Réaliste. Soyons logiques autant qu'écologiques*[1], Bertrand Piccard, le génial inventeur du *Solar Impulse*, l'avion solaire qui a fait le tour du monde, décrit l'ébullition de solutions privées actuellement en gestation. Il les encourage avec sa fondation : plus de mille projets sont ainsi labellisés et soutenus. Il y a là des solutions pour améliorer les performances, mesurer notre consommation…

---

1. Bertrand Piccard, *Réaliste. Soyons logiques autant qu'écologiques*, Stock, 2021.

Piccard pense qu'il y a beaucoup à gagner sur l'efficience et que la technologie peut aider. Nous gaspillons beaucoup d'énergie et de matériel par rapport à notre consommation réelle. Et nous avons les moyens d'y remédier. Il y a aussi dans cette liste de plus grandes révolutions proposées par des inventeurs géniaux. Des isolants biosourcés, de la nourriture à base d'insectes, des composites pour rendre le bois translucide et remplacer le verre, des systèmes de refroidissement urbain intelligents et économes en énergie… Pour conclure, Bertrand Piccard invoque la théorie du piranha : « Quand un seul de ces petits poissons vous mord, vous le remarquez à peine. Mais quand un banc de mille piranhas vous attaque, vous êtes réduits en quelques minutes à l'état de squelette. C'est ce qu'il faut obtenir face au changement climatique avec les mille solutions. »

18

Le cas pratique de l'immobilier bas carbone

L'immobilier est considéré comme un acteur majeur de la pollution atmosphérique. On lui attribue près de 20 % des émissions mondiales de CO_2. De tous les secteurs économiques majeurs, l'immobilier est pourtant celui qui a longtemps montré le plus d'inertie dans la lutte contre les émissions de CO_2. Depuis plus de quinze ans, les constructeurs automobiles se sont mis à l'électrique, aux biocarburants, et même à l'hydrogène. Total investit dans l'éolien marin et ses concurrents développent des champs de panneaux photovoltaïques. Engie donne dans le biogaz et autre méthane biosourcé, tout en défendant les éoliennes. La SNCF vous communique votre consommation de CO_2. Et même Air France achète des crédits carbone. En immobilier, jusqu'à un passé récent, il n'y avait rien de tout cela. Les émissions ne comptaient pas.

Certes, l'inertie de l'immobilier n'était pas absolue. Pour ne pas avoir l'air de complètement se moquer des questions de développement durable, le secteur a agité son épouvantail le plus traditionnel : la chasse au gaspi. Le sujet ayant été mis sur la table par Raymond Barre, en réponse à la première crise pétrolière des années 1970, on ne risquait pas de prendre à revers les acteurs dominants de la place. La performance énergétique du bâtiment est un vieux classique qu'on connaît bien pour l'avoir récité depuis tout-petit. On s'est donc préoccupé avec ferveur du fameux kWh/m^2. Un immeuble sympathique pour l'environnement était avant tout un immeuble à faible consommation. Voire à énergie positive, dans le cas où cet immeuble consomme si peu et produit en lui-même tellement d'énergie (prétendument renouvelable) qu'il peut presque en redonner à ses voisins. Peu importe que l'empreinte carbone de ce qui est mis en œuvre pour atteindre le résultat soit dramatique, peu importe qu'il faille brûler du gaz ou du biocarburant en lieu et place d'une électricité nucléaire décarbonée, le principal, c'est de faire baisser le compteur de la consommation d'énergie. Le fameux kWh/m^2.

Puis, voyant que la pression environnementale continuait de monter, le secteur immobilier a noyé le sujet du kWh/m^2 dans une grande piscine remplie d'autres indicateurs : récupération des eaux de pluie, recyclage des déchets, nichoirs à oiseaux… et même « bien-être des salariés » pour les bureaux.

De nombreux labels privés ou parapublics ont prospéré sur ces sujets, créant à chaque fois de florissants business pour les bureaux d'études et les agences qui délivrent ces distinctions.

Mais de CO_2, il n'était toujours pas question. Il faut reconnaître que la question du CO_2 en immobilier, cela peut déranger. On n'est pas sûr de ne se faire que des amis lorsqu'on se frotte à ce sujet épineux. Sur le cycle de vie d'un immeuble dit « traditionnel », près de 60 % des émissions de CO_2 sont liés à sa construction. L'essentiel repose sur le choix du matériau de gros œuvre. Et là commence le problème. Le béton, qui s'est imposé depuis soixante-dix ans comme le matériau de référence à l'exclusion de tous les autres, dispose d'une empreinte carbone catastrophique. La réaction chimique nécessaire à la production du ciment est très énergivore, mais surtout, elle émet en elle-même beaucoup de CO_2. On ajoute au ciment du sable, venu de plus en plus loin, et du métal dont l'empreinte carbone est très défavorable. On transporte le béton à travers la ville par toutes petites quantités dans des camions-toupies, ce qui ajoute au bilan déjà très lourd. En fin de vie de l'immeuble, il n'existe quasiment aucune réutilisation du béton. De nouveau il faut beaucoup d'énergie pour la démolition, et pour le transport de déchets, car le béton, c'est très lourd. En synthèse, si vous recherchez la performance carbone, vous allez naturellement vous intéresser aux matériaux biosourcés, stockeurs de carbone, recyclables.

Soudainement vous n'êtes plus l'ami du puissant lobby du béton.

La révolution verte, la vraie, en immobilier a eu lieu en 2015 avec la création de l'Association pour le bâtiment bas carbone (BBCA). Les principaux acteurs français, parmi lesquels Altarea-Cogedim, Amundi, Nexity, Bouygues, BNP Paribas Real Estate, Gecina, Icade et la PME Woodeum-WO2, de grands architectes tels Jean-Michel Wilmotte, Jean-Paul Viguier, Denis Valode ou Jean-Marie Duthilleul, et des aménageurs publics éclairés comme PariSeine ou ÉpaMarne, ont posé les bases du premier calcul de l'empreinte carbone du bâtiment, en se fondant sur le principe de l'analyse du cycle de vie (ACV). C'était une première mondiale. Ce calcul se fondait sur les travaux précurseurs de Carbone 4, le cabinet de conseil de Jean-Marc Jancovici. Il était mené en collaboration avec le CSTB et le cabinet Artelia. Je suis fier que le démarrage de ces travaux se soit tenu dans la petite salle de réunion de WO2-Woodeum, à l'époque encore une start-up innovante.

L'évaluation de l'empreinte carbone par BBCA repose sur un principe simple : le CO_2, tout le CO_2, rien que le CO_2, sur toute la vie de l'immeuble. Le cycle de vie du bâtiment est alors divisé en trois phases : construction, exploitation et fin de vie/recyclage. Chaque matériau entrant dans la construction est mesuré par son poids carbone, son énergie grise. On ajoute l'impact du chantier lui-même. Puis les émissions de la phase d'exploitation de l'immeuble, et par prudence, celles de la démolition. Cette méthode donne une vision assez juste de la réalité de l'empreinte carbone du bâtiment sur toute sa vie.

La recherche de la performance carbone encourage naturellement l'utilisation de matériaux biosourcés, à commencer par le bois, en remplacement des matériaux émetteurs, comme le béton, le verre ou le métal.

En utilisant des matériaux biosourcés à la place des matériaux traditionnels de type béton, on bénéficie de deux avantages. Il y a tout d'abord un effet de substitution : on remplace un matériau émetteur de CO_2 (le béton) par un matériau à empreinte carbone inversée (le bois). Il y a ensuite un effet de stockage de CO_2 : on protège le carbone pour la longue durée, en l'abritant des intempéries et de l'oxydation. Nos vieilles charpentes du Moyen Âge constituent des puits de carbone parfois millénaires. Nos immeubles modernes peuvent eux aussi devenir des puits de carbone, en stockant gratuitement le carbone retiré de l'atmosphère par des arbres issus de forêts gérées durablement. Évidemment, chaque arbre prélevé laisse la place à un nouvel arbre replanté, qui réalimente, avec sa croissance, la pompe à carbone.

Rappeler cette évidence que le bois est stockeur de carbone ne suffit pas à assurer le passage de l'immobilier à l'ère du bas carbone. À l'époque où le bois était le matériau principal dans la construction, les contraintes du produit immobilier n'étaient pas les mêmes. Pour que le bois puisse rivaliser avec le béton, il fallait qu'il surmonte quantité de défis techniques modernes. À commencer par le « contreventement », c'est-à-dire la capacité de donner la rigidité structurelle à de grands édifices. Avec le béton, surpuissant, le contreventement n'est pas un sujet. Mais avec le bois, c'est une autre affaire ! Les techniques dites d'« ossature bois », un assemblage de poteaux et de poutres dénué de mur porteur, ne permettent pas de dépasser trois étages. Cette technique très utilisée aux États-Unis est idéale pour la maison individuelle, mais elle ne convient pas à nos villes européennes. Chez nous, l'urbanisme est plus compact. Les villes plus denses réclament des immeubles de cinq à sept étages, voire davantage.

C'est une innovation technologique majeure qui a permis à l'immobilier de faire sa mue vers le bas carbone. Il s'agit de celle du bois lamellé contre-croisé (en anglais, *cross laminated timber*, ou CLT). Les origines de ce matériau sont françaises. L'ingénieur Pierre Gauthier invente le « multiplis » dans les années 1950, et Jean Prouvé l'utilise en petit panneaux à plusieurs reprises. Puis les Français, captivés par le béton, oublient cette innovation majeure. Pourtant, le collage de lamelles de bois à plis croisés permettait d'obtenir un élément doté d'une puissante capacité de report de charge multidimensionnelle. Depuis la fin du XIXe siècle, on savait coller des lamelles dans un même sens pour faire des poteaux ou des poutres de lamellé-collé. Avec ces poutres, on a érigé des églises, des piscines et des salles polyvalentes. Mais en croisant les lamelles, on peut faire mieux : un mur ou un plancher porteur, entier, en bois plein. Avec l'industrialisation, les panneaux de CLT ont grandi. Leur qualité structurelle leur permet désormais de rivaliser avec le béton armé. Le saut technologique, encore largement méconnu du grand public, est considérable. Il va permettre de remplacer le béton dans son usage le plus volumineux, donc le plus polluant : la structure même du bâtiment. Il va aussi permettre à la construction bois de dépasser les hauteurs que les techniques d'ossature bois lui imposaient. Au lieu de deux ou trois étages, on élance aujourd'hui des petites tours résidentielles en bois de dix-sept étages, soit 50 mètres de haut.

Les autres contraintes techniques liées à l'usage du bois ont été progressivement levées. Depuis cinq ans, les équipes d'ingénieurs des promoteurs qui ont fait le choix du bas carbone, et donc du bois, ont réalisé des prouesses. L'acoustique ou la prévention des incendies sont aujourd'hui maîtrisées et donnent des résultats égaux ou supérieurs aux techniques traditionnelles. Les solutions d'accroche de balcons ou de vêtures sont perfectionnées. La maîtrise du chantier elle-même s'est améliorée : par comparaison avec le béton, le bois massif CLT permet de réaliser le gros œuvre deux fois plus vite, avec huit fois moins de camions, plus de précision, moins de bruit, moins de poussière… C'est une avancée considérable qui réconcilie la ville avec l'acte de construire. Les grands-voiles de CLT arrivent par ordre de pose, ajustées au millimètre. Chaque étage est réalisé en moins d'une semaine.

Le prochain défi du CLT, c'est celui d'une production du matériau sur le territoire national. Alors que le matériau a été inventé en France, il n'y existe que très peu d'usines de CLT. La désindustrialisation du pays combinée au choix du tout-béton sont passés par là. La première production de CLT à dimension réellement industrielle a été mise en place il y a quelques mois, avec l'entreprise Piveteau, en Vendée, cette région de France qui sauve notre industrie. Le marché est encore largement dominé par les Autrichiens et les Allemands. On entrevoit néanmoins un réveil. Plusieurs projets majeurs semblent avancer.

La démarche « bas carbone » s'appuie également sur le recyclage et la réutilisation des matériaux existants. Il s'agit de détruire le moins possible les infrastructures des édifices en place et, quand destruction il doit y avoir, de transformer sur place les matériaux pour les utiliser différemment. Un élément verrier de façade peut devenir une table. Un mur porteur peut fournir le granulat pour créer un chemin d'accès. Même le mobilier peut être fabriqué à base de déchets plastiques existants, en mobilisant les techniques de recyclage rapide, développées par la jeune société KoMuT et ses imprimantes 3D, par exemple.

Enfin, le dernier pilier du bas carbone, c'est la maîtrise des énergies et la sélection de solutions décarbonées. On privilégie l'électricité, en France, à cause du mix énergétique bas carbone. On travaille également sur le formidable potentiel de la géothermie, ainsi que sur les optimisations offertes par une gestion intelligente des énergies à l'échelle du quartier.

Certains auraient pu s'attendre à ce que les pouvoirs publics soutiennent activement la révolution du bâtiment bas carbone en bois, tant elle constitue une réponse simple et évidente au sujet des inquiétantes émissions carbone du secteur. Toutes les autres révolutions sectorielles à dimension environnementale ont été soutenues financièrement ou fiscalement par la puissance publique. La voiture électrique est largement subventionnée, tandis que les grosses cylindrées à moteur thermique sont lourdement taxées. Et des milliards d'euros d'argent public vont au secours des énergies renouvelables, pour leur permettre d'être compétitives. On va même jusqu'à faire délivrer les permis de construire des éoliennes par les préfets pour aller plus vite.

Pour l'immobilier, rien de tout cela n'a en fait été nécessaire. Le succès du bâtiment bas carbone en

France a tout d'abord été assuré par l'engagement des promoteurs en place, dont nous avons parlé. Ont-ils été poussés par l'émergence de nouveaux promoteurs purement « bas carbone » ? Ont-ils retenu la leçon de l'industrie automobile surprise par une soudaine réglementation européenne anti-moteur thermique ? Ont-ils été convaincus par le potentiel de ces techniques ? On ne sait pas. Personnellement, je crois que c'est surtout le public qui a choisi. Même s'il y a un léger surcoût, il préfère le bois au béton. La sobriété carbone l'intéresse aussi. Une démarche environnementale, doublée d'un désir de nature.

Mais il n'y a pas que le public ; la possibilité d'un autre matériau de construction a également trouvé écho chez les maires et les aménageurs. Il faut rendre hommage aux élus courageux et visionnaires qui ont signé les premiers permis de construire d'immeubles bas carbone, construits en bois. Je pense à André Santini à Issy-les-Moulineaux, Stéphane Raffalli à Ris-Orangis, Rémi Muzeau à Clichy ou Patrick Jarry à Nanterre. Ces maires de droite, du centre ou de gauche ont ouvert la voie à une véritable révolution du secteur. La plupart des « écoquartiers » exigent aujourd'hui des bâtiments bas carbone. On ne parle plus des « bâtiments à énergie positive ». Chez les aménageurs publics, le CO_2/m^2 est en passe de l'emporter sur le kWh/m^2. Et c'est tant mieux pour la planète.

L'État a lui aussi fini par prendre la mesure du sujet, au sens propre comme au sens figuré. Face aux évolutions en cours, il a souhaité moderniser la vieille RT2012 en lui ajoutant un compteur carbone, largement inspiré des travaux de l'association BBCA. Il organise ainsi la cohabitation entre le kWh/m^2 et le CO_2/m^2. Un jugement de Salomon qui ne donne raison à personne, mais confère à la France la position de leader dans la course à la réduction des émissions dans le bâtiment. Aucun autre pays ne s'est encore doté d'un tel instrument dans son arsenal légal. Cette réussite est à mettre au crédit des ministres du Logement Julien Denormandie et Emmanuelle Wargon.

La réaction du lobby du béton a été immédiate. Comme souvent, c'est vers Bercy que se tournent ceux qui se sentent menacés par le ministère du Développement durable. Une délégation est venue promettre au ministre de l'Économie et des Finances des centaines de milliers de chômeurs si la législation de mesure du CO_2 du bâtiment était adoptée. Il était urgent de différer, d'alléger. La revendication n'a pas été entendue. La menace a échoué devant la mobilisation des grands promoteurs immobiliers désireux d'alléger leur empreinte carbone pour répondre à l'urgence climatique et à la demande de leurs clients. Le marché a souvent raison. Et les efforts du béton déployés actuellement en sous-main auprès des administrations au motif de la combustibilité des matériaux biosourcés n'auront pas plus d'effet. Le redoutable Centre d'études et de recherche de l'industrie du béton est certes à la manœuvre pour créer l'effroi en expliquant au ministre de l'Intérieur, où il a des appuis, que le bois… ça brûle. Il n'y a d'ailleurs qu'en France où l'État demande au bureau d'essais du lobby du béton de donner un avis impartial sur la combustibilité de son grand rival le bois. Mais voilà, la tâche est ardue, car les nouveaux matériaux bois brûlent mal et tard. Ils ne représentent pas de danger particulier si une ingénierie de qualité est déployée. Et les progrès techniques en matière de détection et d'extinction automatique limitent considérablement les risques d'incendie. Le béton se fera une raison. Il devra composer avec les matériaux biosourcés. Il innovera pour proposer de nouvelles solutions bas carbone, et produire le ciment réellement écologique dont le monde continuera d'avoir besoin, en complément du bois et de ses dérivés.

Encore aujourd'hui, pèsent quelques menaces sur la RE2020 et son compteur carbone. Certains lobbies poussent pour que l'on noie le compteur carbone dans une multitude d'autres indicateurs sociaux et environnementaux. Ils souhaitent que l'État réglemente de façon beaucoup plus large en ajoutant des critères sur la santé, le confort, la biodiversité, la gestion de l'eau, l'économie circulaire… et tout ce qu'on pourra imaginer de bien, de bon, de meilleur. Chaque critère permettrait de gagner des points. Cette vieille technique, animée par les puissants en place, ne vise qu'à alléger une ambition bas carbone jugée dérangeante. Il s'agit de n'en faire qu'un élément parmi beaucoup d'autres. Gageons, pour la planète, que cette tentative de noyade ne prospère pas.

S'agissant de la réglementation en place, elle continue à rendre difficile l'usage du biosourcé, tout simplement car depuis longtemps on s'était fait à l'idée qu'il n'y avait qu'un seul matériau de construction possible : le béton. Toutes les normes ont été établies pour le béton. Mais les mentalités changent, et les vieilles résistances sautent une à une, face à ce qui s'impose comme une évidence.

Au total, la diffusion de ces nouvelles techniques de construction ne semble n'avoir plus comme frein que les restrictions de permis de construire imposées par certains maires « décroissantistes », qu'ils soient déclarés comme tels ou non.

Résumons-nous : l'immobilier français s'est doté en sept ans des moyens de réussir sa transition carbone. Sans subvention. Sans appui fiscal. Sans interdiction des matériaux polluants. Ce bond en avant a été rendu possible par les avancées technologiques issues d'initiatives privées, appuyées par le dernier grand laboratoire public indépendant qu'est le CSTB. L'État a joué le jeu en mettant en place un thermomètre carbone sur tous les nouveaux projets, avec un minimum à respecter.

De façon incontestable, c'est un exemple de transition pour beaucoup de secteurs.

Conclusion

Il est urgent de revenir à l'essentiel. Débarrasser la cause du climat des questions politiques, sociales ou simplement bureaucratiques qui l'encombrent. Les injustices sociales, les dividendes, le temps de travail sont des enjeux qui méritent attention et débat. Mais l'urgence climatique nous dicte de les mettre à part pour cesser d'affaiblir par mille et une contingences, aussi nobles soit chacune d'entre elles, le grand effort à déployer pour maîtriser les émissions directes et indirectes.

C'est dans ce cadre que nous devons dénoncer la prise d'otage dont l'écologie est aujourd'hui victime. Elle est devenue le terrain de jeu de prédicateurs, d'illusionnistes et d'extrémistes. Alors qu'elle est une chose éminemment scientifique et sérieuse, on accepte qu'elle soit sans arrêt compromise par des raccourcis, des approximations et même des escroqueries intellectuelles.

On se donne bonne conscience en arrêtant de se laver ou en roulant à vélo, tout en oubliant le gaz carbonique mortifère émis pour produire ce que nous achetons chaque jour. C'est ainsi que le charbon continue de prospérer à travers le globe, avec cette consommation insolente qui va de record en record, sans que cela ne trouble personne. Il ne nous reste plus beaucoup de temps pour faire la distinction entre l'essentiel et l'accessoire, ou même le dérisoire. Il faut mettre au ban des nations celles qui choisissent le charbon, et surtaxer sans attendre leurs importations. Les alternatives au charbon existent. Sans les émissions du charbon, le réchauffement climatique serait divisé par deux.

Dans cette perspective, il faut asservir le capitalisme à l'écologie. Comme on a pu l'asservir dans le passé à la démocratie, aux libertés individuelles ou à la justice sociale. « Asservir » ne signifie pas « entraver ». Le capitalisme est un cheval fougueux qu'il faut savoir maîtriser. Sa puissance est utile à la défense du bien commun. Il est possible de contrôler sa direction et de donner un sens à son histoire, sans l'empêcher de progresser. Oui, le capitalisme a aujourd'hui besoin de ces règles écologiques qu'une démocratie, éclairée par la science, peut utilement lui dicter.

Ce grand effort d'asservissement ne nous condamne pas à la pauvreté, à la famine ou à la violence promises par les prédicateurs d'apocalypse. Au contraire, il constitue un espoir de prospérité économique, car il peut paradoxalement créer les conditions d'une croissance économique durable. Ce paradoxe n'est qu'apparent. Car le capitalisme n'a réellement produit de richesses qu'en surmontant de nouveaux obstacles, qu'en se lançant à lui-même de nouveaux défis. Le capitalisme qui ronronne est celui de la rente et des injustices sociales. Le capitalisme triomphant est celui de l'innovation, de la découverte, de l'entreprise et du progrès social. Un nouveau paradigme écologique va redistribuer les cartes. Comme ce fut tant de fois le cas dans l'histoire, les puissants en place ne voient pas vraiment arriver le monde nouveau qui s'annonce. Ce monde sera plus compact, moins intrusif dans la nature, et dépourvu d'émission nette de CO_2. La destruction créatrice est à nouveau en marche. Et c'est cette création, ces innovations, qui peuvent réconcilier écologie et croissance. Encore faut-il le vouloir, abandonner la poursuite des chimères, accepter l'optimisme et se mettre au travail collectivement pour réussir dans ce monde nouveau.

La France a deux cartes maîtresses dans cette nouvelle donne. Elle maîtrise l'énergie décarbonée du moment avec le nucléaire. Elle dispose d'une agriculture et d'une forêt susceptibles de fournir des matières premières biosourcées, renouvelables, issues de la photosynthèse et donc sans empreinte carbone. L'ingénierie française est d'ores et déjà à l'œuvre pour accélérer le remplacement des matériaux polluants comme le plastique, l'acier ou le béton par le bois et les produits agricoles.

Les entreprises sont en avance sur le gouvernement et sur les consommateurs. Elles joueront un rôle majeur dans cette transition. Pour leur permettre de réussir dans le temps contraint qui s'impose, l'État doit leur fournir l'outil de mesure en mettant en place le grand référentiel de l'intensité carbone des produits qui pourra s'étendre au monde, comme autrefois le système métrique ou la TVA. Et pour le reste, il fera confiance et leur simplifiera la vie pour les aider à sauver le monde.

Remerciements

À mon associé Philippe Zivkovic,

À mes collègues de WO2 et d'Icamap, et notamment à Laurent Petit et Juliette Griton,

À Sarah Diederich et Raphaëlle Borrelly,

À Martin et Sophie Poitrinal,

À ma famille, mes amis et mes maîtres.

Table des matières

Cet ouvrage a été composé
par Belle Page
et achevé d'imprimer en France
par CPI FIRMIN-DIDOT (27650 Mesnil-sur-l'Estrée)
pour le compte des Éditions Stock
21, rue du Montparnasse, 75006 Paris
en mai 2022

PAPIER À BASE DE FIBRES CERTIFIÉES

Stock s'engage pour l'environnement en réduisant l'empreinte carbone de ses livres. Celle de cet exemplaire est de :
600 g éq. CO_2
Rendez-vous sur www.editions-stock-durable.fr

Imprimé en France

Dépôt légal : mai 2022
N° d'édition : 01 - N° d'impression : 169228
75-07-8078/9